**낮에는 직장인,
퇴근 후엔 N잡러로 사는 법**

낮에는 직장인
퇴근 후엔 N잡러로 사는 법

직장인, 작가, 무인카페 운영자가 알려주는 N잡 노하우

초 판 1쇄 2025년 06월 30일

지은이 이동민
펴낸이 류종렬

펴낸곳 미다스북스
본부장 임종익
편집장 이다경, 김가영
디자인 임인영, 윤가희
책임진행 이예나, 김요섭, 안채원, 김은진, 이예준

등록 2001년 3월 21일 제2001-000040호
주소 서울시 마포구 양화로 133 서교타워 711호
전화 02) 322-7802~3
팩스 02) 6007-1845
블로그 http://blog.naver.com/midasbooks
전자주소 midasbooks@hanmail.net
페이스북 https://www.facebook.com/midasbooks425
인스타그램 https://www.instagram.com/midasbooks

© 이동민, 미다스북스 2025, *Printed in Korea*.

ISBN 979-11-7355-299-1 03190

값 **19,000원**

※ 파본은 구입하신 서점에서 교환해드립니다.
※ 이 책에 실린 모든 콘텐츠는 미다스북스가 저작권자와의 계약에 따라 발행한 것이므로 인용하시거나 참고하실 경우 반드시 본사의 허락을 받으셔야 합니다.

미다스북스는 다음세대에게 필요한 지혜와 교양을 생각합니다.

낮에는 직장인, 퇴근 후엔 N잡러로 사는 법

이동민 지음

직장인, 작가, 무인카페 운영자가 알려주는 N잡 노하우

회사원부터 무인카페까지 모두 섭렵한 N잡러 이야기

미다스북스

8 　프롤로그

1부 | 나의 N잡러 도전기

1장　평범한 직장인, N잡러가 되다

17　　1-1. 20년 차 직장인 새로운 직업에 도전하다!
22　　1-2. 반백 살 아저씨의 꿈은?
27　　1-3. 작가에 도전했다, 작가가 되었다
33　　1-4. 무인카페에 도전했다, 창업했다!
38　　1-5. 월세가 나온다는 전자책을 쓰다
43　　1-6. 낮에는 회사원, 밤에는 작가, 주말에는 무인카페 운영자

2장　직장인 N잡러, 삶이 바뀐다

51　　2-1. 평일에도 주말에도 바쁘다
56　　2-2. 싫든 좋든 미니멀 라이프
61　　2-3. 혼자서도 잘해요
66　　2-4. 회사 열심히 다니겠습니다
71　　2-5. 앞만 보고 달리자!

2부 | N잡러 꿀팁 대방출

1장   보고서 많이 썼다, 이제는 책 써서 작가 되자

- 81   1-1. 직장인이여 책을 쓰자!
- 87   1-2. 책 쓰는 목적을 명확히 하자
- 93   1-3. 목적에 따라 출간 방법도 다르다
- 98   1-4. 어떤 주제로 책을 쓸까?
- 104   1-5. 직장인만의 글쓰기 비법
- 110   1-6. 작가에서 강사까지
- 115   1-7. 출간 작가의 삶

2장   전자책 작가도 작가다

- 123   2-1. 종이책과 전자책은 다르다
- 129   2-2. 전자책은 전자책답게
- 134   2-3. 전자책이라는 콘텐츠의 장단점
- 140   2-4. 전자책 세 권 쓰고 알게 된 점들

3장　나도 무인카페 사장님이다

149	3-1. 직장인이 오프라인 창업 시 주의 사항
155	3-2. 성공하는 무인카페 입지 고르기
161	3-3. 무인카페의 장점
167	3-4. 무인카페의 단점
173	3-5. 잘 되는 무인카페 운영법
179	3-6. 직장인과 자영업 사장님은 다르다

3부 | 직장인 N잡러의 마인드

1장　직장인 N잡러라면 이것만은 그만!

189	1-1. 첫술에 배부를 수 없다
195	1-2. 직장인 마인드는 버리자
200	1-3. 장고 끝에 악수 두지 말자
206	1-4. 내 일을 회사에 알리지 마라
211	1-5. 남 탓하지 않기

2장 직장인 N잡러를 위한 조언

- 219 2-1. N잡러는 투자자와 다르다
- 226 2-2. 본업을 무시하지 말자
- 232 2-3. 새로운 일들을 꾸준히 하는 방법
- 238 2-4. 부업할 때 고려할 것 3가지
- 244 2-5. 독서는 기본 중의 기본
- 250 2-6. N잡러의 마인드
- 257 2-7. N이 가리키는 곳에 내 삶이 있다

- 263 **에필로그**
- 270 **부록** N잡러가 되기 위해 참고한 책들

프롤로그

나는 낮에는 회사에 다니고 밤에는 글을 쓰며 주말에는 무인카페를 운영하는 N잡러이다. 주변에서 흔히 볼 수 있는 평범한 아저씨지만 공저 한 권, 개인 책 한 권, 전자책 세 권을 썼다. 부업으로 서울 상암동에서 무인카페도 3년째 운영 중이다. 평범한 회사원이 왜 책도 내고, 카페까지 하고 있을까?

회사만 오래 다니면 삶의 큰 문제들이 알아서 해결될 줄 알았다. 아니었다. 아이들이 다 클 때까지 회사를 못 다닐 것 같은 불안감은 점점 커져만 갔고, 반대로 조직에서의 내 존재감은 계속 희미해져 갔다. 아무리 좋은 회사일지라도 이런 문제는 해결해 주지 못한다. 초조함을 없애는 방법이나 회사를 계속 다닐 수 있는 이유는 스스로 찾아야 한다. 이런 불안을 극복하고자 책을 냈다. 1년, 2년 글을 쓰다 보니 미래를 준비한다는 희망에 부정적인 감정이 줄어들기 시작했다. 글을 쓰며 나의 존재감을 찾기 시작하니 회사원으로 지내는 것도 나쁘지 않다는 생각이 들었다.

아이들이 자라면서 학원비와 매주 필요한 고기양이 늘어나기 시작했다. 새로운 현금 흐름을 만들기 위해 무인카페를 창업했다. 앞서서 일만 하던 내가 주말에는 커피 맛을 점검하고 매장 청소도 하고 있다. 그렇게 3년째 무인카페 운영자로서 지내고 있다. 새로운 추가 수익을 만들고자 무인카페라는 아이템으로 전자책도 출간하였다.

20년 차 직장인의 배 나온 50대 아저씨가 하는 일들이다. 당연히 독자분들도 할 수 있다. 여러 일에 도전하고자 하는 직장인들에게 나의 N잡 경험을 나눠 주고자 이 책을 썼다.

이 책의 첫 부분인 「나의 N잡러 도전기」에서는 내가 왜 새로운 일들을 시작하였고, 회사원, 작가, 무인카페 운영자로서 어떻게 지내고 있는지 썼다. 작가나 창업을 희망하는 직장인들이라면 관심을 가질 듯하다.

두 번째인 「N잡러 꿀팁 대방출」에서는 내가 하는 부업들에 대한 실전 팁들을 정리하였다. 글만 잘 쓴다고 책이 많이 팔리지 않는다. 작가로 살려면 책 쓰는 목적과 자신에 맞는 출간 방법을 찾고 수익화까지 생각해야만 한다. 전자책 시장도 점점 커지기에 전자책의 장단점과 전자책답게 쓰는 방법도 적어 놓았다. 출간을 원하는 사람들에게 큰 도움이 되었으면 한다.

마지막으로 요즘 유행하는 무인카페 창업과 운영 방법에 관해서도 썼다. 오프라인 창업 시 주의 사항, 무인카페 성공 입지 고르는 법 등 무인카페에 관심이 있는 직장인이라면 읽어 보기를 바란다.

마지막인 「직장인 N잡러의 마인드」는 직장인 N잡러가 가져야 할 마음 자세에 관한 내용이다. 창업 리스크를 줄이기 위한 본업의 중요성, 회사도 다니면서 N잡을 시작하고 유지할 수 있었던 나만의 방법 등을 정리하였다. 직장인에게는 꼭 필요한 내용이니 회사에 다니는 독자들에게 큰 도움이 되기를 바란다.

이 책의 내용은 모두 다 내가 직접 경험하고 지금까지 하는 일들에 관한 이야기이다. 어렵지 않다. 유튜브 덜 보고, 주말에 조금 더 일찍 일어나기만 하면 된다. 흰머리를 염색할지 고민하는 평범한 50대 아저씨도 하는 일이다. 여러분들도 가능하다. N잡러가 되기를 원하는 직장인뿐 아니라, 새로운 직업을 찾으시는 분들도 이 책을 읽고 도전에 성공하기를 바란다.

1부

나의 N잡러 도전기

제 1 장

평범한 직장인,
N잡러가 되다

1-1

20년 차 직장인
새로운 직업에 도전하다!

난 20년 차 직장인이다. 점점 늘어나는 흰머리를 염색할지 말지를 고민하는 허리둘레 34인 반백 살 아저씨다. 이 나이 때의 직장인은 미래에 대한 고민이 많다. 나 역시 그렇다. 회사는 언제까지 다닐 수 있을지, 직장을 그만두면 무엇을 해야 할지, 운이 좋아 정년까지 일한다면 이후에는 무슨 일을 하며 살까를 늘 걱정한다. 밤잠을 설쳐가며 했던 고민과 다양한 도전 끝에 나는 낮에는 회사에 다니고 밤에는 글을 쓰고 주말에는 무인카페를 운영하는 N잡러가 되었다.

갑자기 시작하게 된 건 아니었다. 오랜 시행착오 속에 이런 일들을 할 수 있게 되었다. 5년 전인 2020년 4월 28일에 통근버스를 타고 출근 중이었다. 당시의 나는 주재원도 다녀왔기에 온몸에 자신감이 가득 차 있었다. 뭘 해도 다 잘할 수 있다고 생각했던 과거의 나. 통근버스 의자에 등을 기대고 두 번째 직업을 생각해 보았다. 이번에는 내가 좋아하는 일을 하면서 돈도 벌기를 원했다. 눈을 감으니 지금까지 내가 꾸준히 해 온 것들이 바로 생각났다.

'게임, 유튜브, 만화책'

감겼던 눈이 번쩍 떠지고, 의자에 편안히 기대어 있던 등에서 땀 한 방울이 흘러 내렸다. 직업이 될 만한 취미들이 아니었다. 눈을 다시 감고 내가 잘하는 것들을 또 생각해 보았다. 아무것도 떠오르지 않았다. 입에서 조용히 "시발."이라는 말이 새어 나왔다.

한심했다. 학교 때 열심히 공부했고, 대학에 갔다. 남들 다 아는 회사에 취업하여 야근도 마다하지 않고 일했고 주재원도 다녀왔다. 남이 하라는 대로 하면서 살아왔지만 나만 잘할 수 있는 일은 없었다. 퇴근 후에는 손가락을 핸드폰 위에서 열심히 움직이며 게임을 하거나 짧은 동영상들을 보며 피식피식 웃고 있었을 뿐이었다. 주말에는 만화방에서 짜장면을 먹으며 만화책과 함께 시간을 보내고는 했다.

고민한다고 답은 나오지 않았다. 뭐라도 해야만 했다. 책을 많이 읽으면 인생이 변한다기에 보고 또 보았다. 일주일에 책 두 권이라는 목표 아래 읽고 또 읽었다. 책장이 모자랄 정도로 책이 쌓이긴 했지만, 삶이 바로 변하지는 않았다. 그러나, 버스에서 식은땀을 흘리던 때와는 달라진 것이 있었다.

첫 번째, 내 이름으로 된 책이 나왔다

2022년 5월에 다른 작가들과 함께 공저를 출간했다. 같은 해 9월에는 내가 쓴 책 『아빠도 처음이라 그래』가 나왔다. 당시만 해도 회사에서 파워포인트에 몇 줄 쓰는 것이 내 글쓰기의 전부였다. 새로운 길을 찾고자 고민하고 움직인 결과 내 이름으로 된 책이 나왔고 작가가 되었다.

두 번째, 무인카페를 운영하고 있다

난 평범한 회사원이다. 아침에 출근하고 저녁에 퇴근하고, 일이 많으면 조용하게 투덜거리며 얌전히 야근하는 보통의 직장인이다. 그런 내가 무인카페를 하고 있다. 재테크로 주식이나 부동산을 하는 회사원은 종종 있지만, 자영업을 하는 사람은 찾아보기 힘들다. 무인카페를 할까 말까 고민한 끝에 행동한 대가로 얻은 결과다. 매장을 연 지 벌써 3년이 되었다. 카페를 찾아 주는 동네 주민들 덕분에 내년에도 같은 자리에서 장사하고 있을 것 같다. 어느새 회사도 다니는 자영업자가 되었다.

세 번째, 전자책을 세 권 썼다

무인카페에 익숙해지니 뭔가에 도전을 또 하고 싶어졌다. 새로운 일을 시작하기에는 시간 부담이 컸다. 책도 출간했고, 무인카페도 하고 있기에 두 개를 엮어서 전자책을 썼다. 『아무도 안 알려주는 무인카페 운영팁 10가지』를 2023년 8월에 전자책 출판 사이트에 등록했다. 한 권 내 보니 또 쓸 수 있겠다는 생각이 들었다. 2024년 7월에는 『팀장에게 칭찬 받고 1시간 일찍 퇴근하는 보고서 작성법』을 썼다. 두 권 내니 세 권도 쓰겠다 싶었다. 2024년 10월에『한 권으로 끝내는 무인카페 창업과 운영방법』을 유페이퍼에 등록했다. 전자책을 세 권 출간해 보니 이야깃거리들이 계속 생겨난다. 앞으로도 꾸준히 전자책을 낼 계획이다.

 나이가 들더라도 "회사에 언제까지 다닐 수 있을까?"라는 생각만 하면서 출근하고 싶지 않았다. 퇴근 후에 게임, 유튜브, 만화책만 보면서 시간을 버릴 수는 없었다. 새로운 삶을 원했기에 책을 읽었고 글을 썼고 창업에 도전했다. 그 결과 내 이름으로 된 책을 냈고, 무인카페를 운영하는 N잡러가 되었다. 50살 된 배 나온 평범한 직장인이 한 일이다. 어렵지 않다. 탤런트 조정석이 했던 광고가 생각난다.

 "야, 너두?"

 반백 살 직장인인 나도 했다. 당연히 여러분도 할 수 있다.

1-2

반백 살 아저씨의 꿈은?

　난 허리둘레 34인 배 나온 아저씨다. 머리도 하얘지기 시작했고, 작은 글씨를 보려면 안경을 위로 올려야만 한다. 주변에서 흔히 볼 수 있는 평범한 중년 아저씨다. 회사에서도 보통의 직장인이다. 팀장님이 한 말이나 회의에서 나온 내용을 노트에 열심히 적지만, 기억이 나지 않아 주변에 이리저리 물어보는 그런 회사원이다.

　회사 다니는 이유는 당연히 자아실현이다. 나 말고 아이들의 자아실현. 한 달 열심히 일하고 받은 월급으로 아이들 꿈을 이뤄주기 위한 학원비 내고, 아들들의 건강한 몸을 만들어 주기 위하여 고기와 치킨을 사 주는 동네에 많이 있는 흔한 아빠이다. 나중에 뭔가 되고 싶다는 희망은 없어진 지 오래다. 그저 아이들 대학 갈 때까지 회사에 다니고 싶을 뿐이다.

이런 나도 어렸을 때는 꿈이 있었다. 영화감독이 되고 싶었지만, 고등학교 때 남들 하듯이 성적 맞춰 취업 잘 된다는 공대에 들어갔다. 꿈꿔왔던 대학은 아닐지라도 어렸기에 이것저것 하고 싶은 게 많았었다. 나이가 들어가자 꿈도 현실적으로 바뀌어 간다. 어떤 사람이 되고 싶다기보다는, 쓰고 또 써도 잔액이 모자라지 않는 통장 하나라도 있기를 바랄 뿐이다.

월급은 아무리 올라도 부족하다. 안다. 급여가 모자란 게 아니라 내가 많이 쓰는 거다. 아이 둘 기르면 돈 많이 든다. 학원비, 고깃값, 게임 아이템 비용 외에 대출금까지 갚아야 한다. 내 몸에 쓸 돈은 줄여도 아이들 입과 머리에 들어갈 돈은 줄일 수 없다. 나갈 돈을 못 줄이면 당연하게 더 벌어야 한다. 중년의 아저씨가 주말에 배달 라이더 하기는 힘들다. 다음날 회사 일에 영향을 주면서까지 부업을 할 수는 없다. 회사도 다니면서 할 수 있는 추가 수입원을 찾고 싶었다.

어느새 낮에는 회사에 다니고 밤에는 책을 쓰며 주말에는 무인카페를 운영하게 되었다. 생각만 하다 흐지부지 지나가 버린 꿈과는 다르게 통장에는 적은 금액이지만 월급 외의 돈이 입금되기 시작했다.

　책만 나오면 유명 작가가 되어서 하고 싶은 일을 할 줄 알았지만, 지금도 회사를 열심히 다니고 있다. 2년 전에 나온 내 책을 누가 볼까 싶어도 조금씩이나마 인세가 들어오고 있다. 추가 수입을 만들고자 했던 꿈이 이루어졌다.

　맨땅에 헤딩하듯 시작한 무인카페. 망할까 봐 조마조마했지만, 벌써 3년 차가 되었다. 지금도 잘 돌아가고 있다. 시험 때면 중고등학교 학생들로 매장이 꽉 찬다. 항상 같은 페이지 앞에서 핸드폰 게임을 하지만 음료는 꼬박꼬박 시키는 고마운 손님들이다. 저녁에는 직장인이 커피를 마시면서 쉬다 간다. 이런 분들 덕분에 아이들 학원비가 생긴다. 바리스타 자격증도 없는 평범한 직장인이 연 무인카페에 와 주는 손님들이 고마울 뿐이다. 그렇게 월급 외에 또 다른 파이프라인이 생겼다.

　분기에 한 번씩 잊을 만하면 전자책 인세가 들어온다. 직장인은 책을 팔기 위한 홍보 활동이 어렵다. 그렇지만 YES

24, 교보문고에 책이 등록되어 있으니 꾸준히 나간다. 신기하다. 그 돈으로 아이들에게 닭 한 마리씩을 사 주고는 한다. 아이들에게 단백질을 보충시킬 수 있는 추가 수입원이 하나 더 생겼다.

나이 들어 딴짓하지 말고 조용히 살라고 말하는 사람들이 있다. 지금의 나는 원했던 꿈을 조금씩 현실로 만들어 가고 있다. 추가 수입원이라는 꿈을 꾸었고, 행동했고, 월급 외의 돈이 들어오기 시작했다. 유튜브에 인증할 정도의 큰돈은 아니다. 그러나 반백 살 된 아저씨가 원했던 일들이 이루어지고 있다.

몇 년 전만 해도 직장인은 월급 외에 다른 일로 돈을 벌면 안 되는 줄 알았다. 순진한 직장인인 나는 부업하면 망한다고 생각했었다. 아껴 쓰고 차곡차곡 돈 모으면 온 가족 편안하게 살 수 있을 줄 알았다. 아니었다. 아이들이 커 갈수록 필요한 돈은 계속 늘어났다. 10층짜리 건물주가 되는 큰 꿈을 바라지는 않았다. 아이들 학원 보내고 고기 사 줄 수 있는 추가 수입을 원했다. 그 꿈이 현실이 되었고 지금도 진행 중이다.

그저 막연히 바라고만 있었더라면 아무 일도 일어나지 않았을 거다. 추가 수입이라는 명확한 목표를 이루기 위해 책을 쓰고 무인카페를 열었다. 그 꿈을 계속 유지하기 위해 지금도 글을 쓰고 주말에 청소하고 있다. N잡러를 원하는 직장인이라면 원하는 일에 도전해 보기를 바란다. 50살 아저씨도 하는 일이다. 움직이기만 한다면 당연히 여러분도 가능하다.

1-3

작가에 도전했다, 작가가 되었다

 N잡러가 되기 위한 첫 번째 도전은 작가였다. 이전부터 글을 써 왔기에 작가가 되기로 한 건 아니었다. 20년을 한 회사만 다니고 있다. 할 줄 아는 건 일에 필요한 엑셀, 파워포인트, 워드 다루는 법이 전부이다. 물론 나만의 특별한 기술도 있다. "네.", "알겠습니다."를 적당한 타이밍에 잘 말할 줄 안다. 반백 살이 되었는데, 할 줄 아는 게 이 정도라니. 한숨만 나온다. 직장인들이 퇴직 후 왜 프랜차이즈 매장을 여는지 알 것 같았다. 나 역시 회사를 그만둔다면 아마도 비슷한 선택을 했을 거다. 남들과 다른 길을 가고자 한다면 내가 남들보다 잘하는 게 있어야 한다. 회사만 다닐 줄 알았던 내가 그나마 꾸준히 해 왔던 건 독서뿐이었다.

 책을 쓰기 전 당시의 나는 불안과 초조함 덩어리였다. 우리 회사 좋은 곳이지만 회사는 회사다. 내 의지와는 상관없이 조직이 필요로 하는 일을 해야 한다. 새로운 일에 대한 불안, 성과가 나야 한다는 초조함, 일이 언제 바뀔지 모른다는 불확실성 때문에 영혼 없이 몸만 회사에 있을 때도 있었다. 이럴 때 집에 오면 소파에서 핸드폰을 보며 현실을 잊고자 했지만, 다음 날 아침이면 어김없이 누군가가 나에게 말을 걸었다.

"나야. 불안감."

나는 두 아들을 둔 50대 직장인이다. 매월 갚아야 할 대출금과 학원비 때문에 열심히 회사 다녀야 한다. 지금이라도 미래를 준비하고자 그나마 할 줄 아는 책을 읽고 또 읽었다. 유튜브나 블로그에서 누군가 추천해 주는 책은 나중에 보더라도 우선은 사 두었다. 카드사의 플래티넘 고객은 불가능했지만, 어느샌가 YES24의 플래티넘 회원이 되어 있었다. 그렇게 미친 듯 1년 정도를 읽다 보니 내 안에 쌓인 울분들이 밖으로 나오면서 글이 써지기 시작했다.

글을 쓴다고 해도 책이 바로 나오지는 않았다. 처음에는 열 줄 쓰기도 어려울 정도로 힘들었다. 모니터 앞에서 멍하게 앉아 키보드에 손만 올려놓고 있었던 적도 많았다. 뭔가 해야만 한다는 불안감이 나를 움직이게 했다. 블로그부터 쓰기 시작했고, 글쓰기 모임인 자이언트에서 다른 작가들과 함께 공저를 썼다. 가슴 속에 쌓인 불안과 초조가 점점 흐려지면서 내 가족의 이야기를 담은 첫 책 『아빠도 처음이라 그래』가 2022년 9월에 나왔다.

 책만 나오면 인기 작가가 되어서 회사는 용돈 벌러 다닐 줄 알았다. 새로운 세상이 열리기를 기대하지 않았다면 거짓말이다. 출간만 되면 매일 아침 기쁜 마음으로 회사를 갈 줄 알았지만, 아침마다 부루퉁한 얼굴로 2년이 지난 지금도 통근버스를 타고 있다.

 바뀐 것은 있다. 회사에서 대리, 과장, 차장으로 불렸던 내가 몇몇 사람들한테서 작가라고도 불린다. 첫 도전의 결과다. 최근 몇 년간 내가 한 가지의 일에 그렇게 집중했던 적은 없었다. 새벽에 일어나서 글 쓰고, 저녁에는 퇴고하고, 주말에는 아침부터 저녁까지 키보드를 두들겼다. 미친놈처럼 썼었다. 그런 책이기에 당연히 베스트셀러가 될 줄 알았다. 나이가 들어간다고 세상 물정 잘 알게 되는 건 아닌가 보다. 순진했었다. 그런 열정으로 쓴 책이지만 어느새 아무도 찾지 않는 교보문고 뒤편의 서가 어딘가에 놓이게 되었다.

그렇다고 글쓰기를 멈춘 건 아니다. 책을 한 권 내보니 글쓰기가 재밌어졌다. 회사에서도 보고서 안 쓰려고 이리저리 빼던 나다. 이런 내가 글쓰기를 좋아하게 될 줄은 몰랐다. 늘 회사에서 시킨 일만 하던 평범한 직장인이었다. 그런 내가 내 이름을 위해 처음으로 도전해 보았다. 이름보다는 과장, 차장, 부장으로만 불릴 줄 알았는데, 작가님이라는 말을 가끔 들을 때가 생겼다. 호칭만 바뀐 게 아니다. 월급 외에 다른 일로 돈도 처음 벌어 보았다. N잡러라고 말하기에는 부끄러운 금액이다. 편의점 아르바이트나 배달 라이더를 해야만 돈이 생기는 줄 알았었는데, 작지만 또 다른 수입이 생겼다.

책을 썼다고 인생이 극적으로 변하지는 않았다. 여전히 아침에 출근하고 저녁이면 퇴근하는 직장인이다. 달라진 점도 있다. 책 쓰기 전에는 퇴근 후나 주말이면 소파에 누워서 유튜브와 함께 시간을 보냈다. 지금은 책상에 앉아 책을 읽고 글을 쓰고 있다. 출간 전에는 상상도 못 했던 모습이다. 집에 오면 각종 전자파로 온몸을 충전해야만 다음 날 출근할 수 있었다. 그런 내가 핸드폰 대신 책을 보고 있으니 뭔가 달라지기는 했다. 겉보기만 바뀌지는 않았다. 다른 회사원처럼 나 역시 회사 일에 대한 걱정은 머릿속에서 떠나지 않는다. 그러나 아침마다 불안감이 나에게 말을 거는 횟수가 줄어들기 시작했다.

아침마다 회사에 기쁜 마음으로 출근하는 사람은 많지 않을 거다. 여러 직장인은 어제 받은 메일에 밤새 가슴 졸이며 출근하고, 상사의 아침 기분을 확인하면서 오늘 하루 잘 보낼 수 있을까를 걱정한다. 글을 쓴다고 유튜브나 인스타그램에 보이는 사람들처럼 일상이 재밌어지지는 않는다. 건너뛰기로 뒤의 내용도 쉽게 알 수 있는 동영상과 달리 글을 쓴다고 내 인생을 미리 알 수는 없다.

그런데도 직장인이 글을 써야 하는 이유가 있다. 새로운 시즌의 드라마가 나올 때마다 그전에 뿌려놨던 떡밥이 하나씩 풀리듯이. 글을 쓰려고 고민할 때마다 내 삶의 궁금증이 하나씩 해결되어 간다. 옛날 일을 생각하다 보면 이런 일로 왜 고민했을까 싶기도 하고, 간혹 부끄러움에 자다가 이불킥을 하기도 한다. 기억 속 어딘가에 숨겨 놓았던 일들이 글을 쓰며 하나씩 해결되면 다음 날 아침 발걸음이 가벼워지고는 한다. 직장인이 퇴근 후 다른 일 하는 거 쉽지 않다. 충분히 잘 안다. 불안과 초조함에 종종 잠을 설쳤던 20년 차 직장인인 나도 달라졌기에, 같은 회사원들에게 말하고 싶다.

"책 한번 써 보시죠."라고.

1-4

무인카페에 도전했다, 창업했다!

　책을 내면서 작가가 되었다. 글쓰기가 재밌기에 작가로 살아도 좋을 듯싶었다. 꾸준히 책을 쓴다면 언젠가는 유명해지고 강의도 하면서 안정적인 수입이 생길지 모른다. 그전까지는 아이들 학원 개수를 줄여야 하고, 아들들에게 들어가는 단백질 공급을 중단해야 한다. 두 아들의 아빠로서 그럴 수는 없다.

　안정적인 수입을 위해 회사는 계속 다녀야 한다. 아이들이 커 갈수록 생활비는 점점 늘어만 갔다. 월급 외 추가 수입이 필요해졌다. 인세만으로는 아이들 치킨 사 주기에도 부족하다. 새로운 도전이 필요했다. 무인카페를 시작했고 3년 차인 지금은 아이들 학원비와 단백질 공급에 작은 도움이 되고 있다.

　직장인이 월급 외에 돈을 벌려면 주식, 코인, 부동산을 해야 하는 줄 알았다. 미국 주식이나 우량주를 사서 가격이 오를 때까지 가지고 있으면 된다고 하지만, 직장인은 매월 현금이 부족하다. 자산을 오래 가지고 있을 틈이 없다. 오르면 오르는 대로, 내리면 내리는 대로 투자한 돈을 찾아서 생활비에 보태야 한다. 주식은 내가 찾아야 할 때는 떨어져 있고, 팔고 나면 오른다. 돈을 벌 수가 없다. 주식 공부 오래 한다고 수익이 날 것 같지도 않았다. 온종일 주식 창만 보면서 다른 일은 하지도 못할 듯싶었다.

부동산으로도 돈을 벌 방법은 없었다. 좋은 지역에 오피스텔이나 아파트 하나 사면 매월 꾸준히 월세가 들어올 거다. 안다. 문제는 그런 자산을 살 돈이 없다. 아이들을 키우다 보니 목돈은 언제나 상상 속의 숫자였다. 어딘가에는 있지만, 결코 내가 모을 수 없는 금액이다. 자기 돈으로 부동산 하는 거 아니라는 사람도 있다. 대출받아서 한 채 두 채 사서 모으라고 하지만, 이미 받은 대출 상환하기도 힘들다. 평범한 직장인이 기존 대출도 다 못 갚은 채 추가로 돈을 빌리기는 무서웠다. 큰돈 안 들어가면서 매월 추가 현금이 나올 수 있는 일을 하고 싶었다.

가만히 있으면 아무 일도 일어나지 않는다. 새로운 일에 도전해 보고자 청울림 선생님이 운영하는 '자기혁명캠프'라는 자기 계발 모임에 들어갔다. 그곳에서 무인카페를 운영하는 분들을 만났다. 무인카페라는 말도 당시에 처음 들어봤다. 동기들이 직접 한다는 매장도 가서 이런저런 이야기도 들어보고 다른 지역에 있는 무인카페도 다녀 보았다. 막상 찾으니 주변에서 쉽게 볼 수 있었다. 운영 방법도 어렵지 않아 보였고, 발 벗고 도와주겠다는 분들도 있으니 안 할 이유가 없었다. 오피스텔 사는 것보다 작은 투자금으로 매월 안정적인 현금 흐름을 만들 수도 있기에 태어나서 처음으로 창업을 하기로 했다.

서울 마포구 상암동 월드컵파크 9단지에 2023년 2월에 카페를 오픈했다. 지금 생각해 보면 미친 짓이다. 회사 일만 해봤고 도전이라고는 앉아서 글을 쓰는 작가가 다였다. 귀신에 홀린 듯 2개월 만에 창업하면서 나만의 카페를 가지게 되었다. 벌써 개업한 지 3년 차다. 큰일 없이 잘 돌아가고 있고, 안정적인 추가 현금 흐름을 만들게 되었다.

평범한 회사원인 내가 낮에는 회사 다니고 밤에는 글을 쓰고 주말에는 청소하러 카페에 간다. 회사원, 작가, 무인카페 운영자로서 삶. 막상 해 보니 그다지 어려운 일들은 아니다. 저녁에는 노트북 앞에서 글을 쓰면 되고, 주말에는 좀 일찍 일어나서 매장에 가면 된다. 남들보다 더 많은 돈, 시간, 체력이 필요하지도 않다. 매일 저녁 지칠 때까지 붙들고 있던 유튜브 덜 보면 되고, 주말에는 할 일 없이 소파에서 빈둥대는 시간에 매장에 가서 빗자루 잡으면 된다. 이런저런 활동을 하지만, 못 할 일들은 아니다. 부지런해지기만 하면 될 뿐이다.

책은 초조와 불안감을 줄이기 위해 쓰기 시작했다. 출간되고 나니 마음이 한결 편안해졌다. 무인카페는 추가 현금 흐름을 만들기 위해 도전했다. 생활비에 도움이 될 정도로 안정적인 현금이 들어오고 있다. 어떻게 시작할지도 몰랐던 도전들이 시간이 지나면서 원하는 결과물을 만들어 내었다.

유튜브에 무인카페라고 치면 다양한 영상들이 올라온다. 무인카페 하면 망한다는 내용도 꽤 있다. 아마 이 영상들을 봤다면 카페를 열 생각은 하지도 못했다. 새로운 현금 흐름을 만든 대신 늘어나는 마이너스 통장 잔액만 보면서 한숨만 짓고 있었을 듯싶다. 생활비 아끼려고 아이들에게 용가리 치킨을 사 주고, 유튜브를 보며 집에서 요리하는 횟수가 늘어났을 거다. 그래도 카페가 안정적으로 운영되고 있기에, 아이들 치킨 정도는 언제든 사 줄 수 있게 되었다.

이제는 무인카페도 주변에서 쉽게 볼 수 있다. 프랜차이즈 무인카페도 많아져서 창업도 쉬워졌고, 조금만 검색해 보면 개인이 가게를 여는 방법도 금방 찾을 수 있다. 그만큼 무인카페 창업이 어려운 일이 아니게 되었다. 그러나 20년 동안 조직 생활의 일원으로만 지냈던 나에게는 커다란 도전이었다. 오픈 전날에는 '손님이 안 오거나 기계가 멈추면 어떡하지?'라는 생각에 잠도 못 잘 정도였다. 그런 카페가 벌써 3년이 되었다.

못 한다고 생각했거나 망한다는 주변 말들만 들었으면 시작도 못 했다. 도전했기에 새로운 현금 흐름을 만들 수 있었다. 돈을 버는 방법은 재테크 외에도 다양하다. 추가 파이프라인을 원하는 직장인들에게 무인카페도 한번 해 보라고 말하고 싶다. 생각보다 어렵지 않다.

1-5

월세가 나온다는
전자책을 쓰다

평일 저녁에는 책을 읽거나 글을 쓴다. 주말에는 무인카페에 가서 재료를 채우거나 청소를 한다. 카페 일에 익숙해지니 새로운 도전이 하고 싶어졌다. 책을 더 쓸까도 생각해 보고, 새롭게 시도할 게 없는지 이리저리 찾아보았다. 무인카페와 책을 하나로 합치면 또 다른 일이 될 듯해서 무인카페에 관한 전자책을 쓰기 시작하였다. 2023년 8월에 첫 번째 전자책 『아무도 안 알려주는 무인카페 운영팁 10가지』가 나왔다. 한 권 내보니 두 권도 쓸 수 있을 것 같았다. 썼다. 새로운 주제인 보고서에 대해 써 보았다. 『팀장에게 칭찬 받고 1시간 일찍 퇴근하는 보고서 작성법』이 2024년 7월에 나왔다. 세 권도 쓸 수 있을 듯싶었다. 또 썼다. 『한 권으로 끝내는 무인카페 창업과 운영방법』이 2024년 10월에 또 나왔다. 한 권씩 쓰다 보니 어느새 전자책 세 권을 내게 되었다.

무인카페를 시작한 후 1년간은 퇴근 후에 다른 일을 할 수가 없었다. 아내와 함께하는 무인카페이기에 매장은 잘 돌아갔지만, 청소만 열심히 한다고 될 일은 아니었다. 계절에 맞춰 포스터도 만들어야 하고 음료 이미지도 바꿔야 한다. 카페를 더 이쁘게 꾸밀 방법을 찾기 위해 다이소에도 자주 가게 되었다. 새로운 음료를 추가도 하고 커피 맛이 변하지 않도록 꾸준한 관리가 필요했다. 매출 올릴 방법만 찾다 보니 다른 일에 도전할 여유가 없었다. 1년쯤 지나 카페 일도 익숙해지고, 간단한 기계수리 방법도 알고 나니 슬슬 새로운 파이프라인을 만들게 없는지 고민하게 되었다.

직장인이기에 퇴근 시간 이후에 다른 일을 더 하기는 쉽지 않았다. 매장을 하나 더 열까 고민해 봤지만, 이 이상의 매장 확대는 회사 생활에 악영향을 줄 것이 확실했다. 회사에서 보고서를 마무리해야 하는데, 카페 준비 때문에 대충 일하고 퇴근할 수는 없었다. 부업도 본업이 있을 때 가능하다.

육체적으로도 어려울 듯했다. 퇴근 후 힘들지 않은 직장인이 몇이나 있겠는가. 나 역시 집에 오면 소파에 누워서 밀린 유튜브나 넷플릭스를 보면서 쉬어야만 한다. 운동을 아주 싫어하는 반백 살 아저씨다. 30대처럼 밤새워 일하거나 술 먹어도 다음날 말짱하게 출근할 힘이 없다. 내일을 위해서 매일 매일 충분한 휴식이 필요한 나이다.

집에 있으면서도 할 수 있는 새로운 일을 찾다 보니 한 가지가 생각났다. 전자책이었다. 퇴근 후 어딘가로 갈 필요도 없다. 전자책은 출간 일정도 정해져 있지 않다. 회사 일 바쁘면 나중에 써도 된다. 집에서 노트북 앞에 앉아 손가락만 열심히 움직이면 책이 나온다.

생각했다고 바로 써지지는 않았다. 무엇을 써야 할지가 고민이었다. 카페를 연지도 1년이 지났기에 무인카페 창업을 원하는 사람들에게 하고 싶은 말들이 생겼다. 카페 창업 방법을 알려 주는 유튜브나 전자책은 있어도, 운영 방법을 가르쳐 주는 정보들은 없었다. 내가 매장에서 몸으로 익힌 일들에 관해 쓰고자 했고, 첫 전자책이 나오게 되었다. 전자책은 시간이 부족한 직장인한테 추천할 만한 부업 중 하나다. 직장인이 전자책을 써야 할 이유를 적어 보았다.

첫째, 출간에 대한 부담이 없다. 전자책은 출판사 없이도 출간할 수 있다. 유튜브에 전자책이라는 세 글자만 써도 등록 방법은 쉽게 찾을 수 있다. 직장인이 종이책을 쓰기는 쉽지 않다. 글 양도 많고, 투고도 해야 하고, 언제 끝날지 모르는 퇴고를 거쳐야 한다. 일하느라 한 권의 원고를 완성하기가 어려울 수도 있다. 글쓰기만 익숙해진다면 전자책은 언제든 낼 수 있다. 상사가 만들라고 하는 보고서 쓰는 것의 반만 노력해도 전자책 한 권은 쉽게 만들 수 있다.

두 번째, 직장인들은 쓸 내용이 많다. 전자책은 실용적인 기술이나 나만의 기술을 전달하기 위해 쓴다. 회사원은 일하면서 익힌 자신만의 비법이 있다. 보고서 잘 쓰는 법, 상사나 아랫사람과의 대화법, 일머리 늘리는 법 등 회사 초년생들이 원하는 자기만의 기술들은 전자책 주제로 적합하다.

세 번째, 짧은 시간에 쓸 수 있다. 회사에서 미친 듯이 일만 해야 할 때도 있지만, 1년, 12달 내내 야근만 하지는 않는다. 시간이 생겼을 때 1주일 정도 몰아서 전자책을 쓴다면 한 권 정도는 낼 수 있다. 등록한 이후에 전자책을 잊은 채 다시 회사 일에 집중하면 된다. 직장인은 회사에 자신의 시간을 맞춰야 한다. 틈날 때 조금씩 쓰다 보면 어느새 쌓여있는 자신의 전자책들을 보게 될 것이다.

직장인이 퇴근 후 새로운 일 하기 쉽지 않다. 나도 집에만 오면 소파에 누워 유튜브만 보다가 자고 싶을 때도 많다. 일이 많고 적음을 떠나 조직 생활 자체에서 오는 스트레스도 있다. 피곤하다고 지금 할 수 있는 일을 안 하면 나이 들어서 더 못할 듯싶었다. 미래의 나에게 차곡차곡 쌓여가는 수익을 주고자 지금부터라도 더 많은 전자책을 쓸 준비를 하고 있다. 배 나온 50대 아저씨도 가능한 일이다. 독자분들도 당연히 할 수 있다. 새로운 파이프라인을 만들고자 한다면 오늘부터라도 퇴근 후에 전자책을 한번 써 보자.

1-6

낮에는 회사원, 밤에는 작가, 주말에는 무인카페 운영자

낮에는 회사에서 일하고, 밤에는 글을 쓰고, 주말에는 무인카페를 운영한다. 회사에서는 커피를 물처럼 마시면서 키보드를 두드린다. 근무시간 내에 일을 마무리해야 퇴근 후 시간을 내 마음대로 쓸 수 있다. 집에 오면 노트북 앞에 앉아 글을 쓴다. 무인카페에 대한 전자책이나 종이책도 쓰고, 블로그에 무슨 글을 올릴까 고민하다 잠이 들고는 한다. 주말이면 아침 일찍 매장 청소하러 나간다. 청소도 구석구석 해야 하기에 손님 없을 시간인 새벽에 가야 한다. 커피 원두 채우고, 테이블 청소하고, 재고 체크하고, 매장 바깥 담배꽁초를 줍다 보면 시간이 빠르게 흘러가 있다. 일들을 마치고 나면 커피를 마신다. 내 매장에서의 커피 한잔은 회사의 카페인 음료와는 다르다. 온몸 구석구석까지 커피가 퍼질 시간을 가질 수 있다.

회사 동료들은 퇴근 후 함께 술도 마시고, 운동 가고, 드라마도 본다고 한다. 난 저녁이면 집에 와서 모니터 앞에 앉아 있다. 오늘 키보드를 멈추면 내일은 더 안 쓴다. 한 글자라도 써 놔야 한 편의 글이 만들어진다. 친구들은 주말에 등산이나 골프를 치러 간다. 골프 시간 맞추러 새벽에 일찍 출발한다. 나도 아침부터 부지런히 매장에 나간다. 대신 내 손에는 골프채가 아닌 빗자루가 들려있다.

내가 왜 이래야 하나 싶어 한숨이 나올 때도 있다. 나도 저녁이면 술 먹고 싶고, 주말이면 늦잠 자거나 온종일 드라마만 보고 싶다. 하지만 노트북 앞에 앉아 뭘 쓸지 몰라 멍하니 있거나, 글을 어떻게 끝낼까 고민하다 오징어 땅콩만 계속 먹고는 한다. 주말 새벽에 청소를 깨끗이 해 놨지만, CCTV로 손님 없는 빈 매장을 보면 답답하기만 하다.

누구를 탓할 수 없다. 다 내가 시작한 일들이다. 남들이 하라고 해서 한 적 없다. 미래가 불안해서 책을 읽다 글을 썼고, 새로운 수익원을 만들기 위해 무인카페를 시작했다. 다 내가 결정한 일들이지만 당연히 힘들 때도 있다. 회사 다닐 때 이런 일들을 해 봤기에 다행이라고 생각되는 점들이 있다.

첫째, 월급 덕에 실패에 대한 부담이 적다. 모든 도전이 다 성공할 수는 없다. 실패하지 않더라도 노력 대비 성과가 모자를 수도 있다. 도전한 일들의 결과가 금전적 기대치에 부족하더라도 월급 덕에 버틸 수 있다. 실패해서 돈을 날려도 월급 덕에 가족의 일상은 지킬 수 있다. 월급이 나온다면 주변 사람들 힘들게 하지 않고 자신에 맞는 부업을 퇴직 전에 찾을 수 있다.

둘째, 나에 대해 알 수 있는 시간을 가질 수 있다. N잡을 시작하고 나서 내 이마에 호구가 적혀 있다는 것을 알았다. 출근만 하면 필요한 일들은 회사가 다 해 준다. 회사 안에서 상사가 하라고 하는 일만 잘하면 된다. 바깥세상에는 세금, 매장 공사, 기계수리 방법, 원치 않는 손님과의 대화 등 회사만 다녔더라면 몰랐을 일들이 한가득 있었다. 세상 물정 모르고 편하게 살아왔음을 N잡을 하면서 알게 되었다.

살다 보면 할 말도 해야 하고 원하는 건 정확하게 요구해야 한다. 회사에서 "네, 네."만 하던 사람이 다른 사람들한테 필요한 사항을 말하기가 쉽지 않다. 내가 이런 사람이란 것도 모른 채 퇴사 후 프랜차이즈 음식점을 했다면 퇴직금 날려 먹는 건 100%다. N잡을 해 봤기에 회사 밖에서 내가 뭘 잘할 수 있는지, 어떤 것을 준비해야 할지 미리 배울 수 있는 시간을 보내고 있다.

셋째, 회사 생활에도 도움이 된다. 작가나 자영업자는 모든 일을 알아서 해야 한다. 누가 나 대신 글 쓸 주제를 찾아 주지도 써주지도 않는다. 무인카페도 누가 청소하라고 시키지 않는다. 변한 커피 맛을 다시 잡는 방법이나 손님을 어떻게 모으는지 아무도 알려 주지 않는다. 스스로 고민하고 틀린 답이라도 찾아서 실행하면서 고쳐야 한다. 이런 습관이 몸에 밸수록 회사 일도 예전보다 적극적으로 하기 시작했다. 그동안 위에서 시킨 일만 열심히 하고자 했지, 내가 일을 먼저 찾아야 한다고 생각해 본 적은 별로 없었다. N잡 덕분에 내 일하는 방식도 조금씩 바뀌기 시작했다.

단점도 있다. 회사 일과 상관없이 항상 퇴근 후에도 해야 할 일들이 있다. 부업 때문에 본업인 회사 일에 나쁜 영향을 줄까 봐 늘 조심해야만 한다. 국·영·수도 못하는데, 예체능만 잘한다고 좋은 대학 갈 수 없다. 본업은 대충하면서 부업에만 집중한다고 잘될 사람이 얼마나 있겠는가.

  회사는 회사다. 내가 바라는 모든 것을 회사가 다 해 줄 수는 없다. 내가 원하는 시기까지 하고 싶은 일만 하면서 회사에 있을 수는 없다. 일을 남들보다 잘하면 급여도 올라가겠지만, 어느 회사든 다른 사람보다 뛰어난 성과를 내기는 쉽지 않다. 잘하지도 못하는 데 남들보다 노력도 안 하면서 평가만 좋기를 바란다면 도둑놈이다. 고기도 먹어 본 사람이 안다고, 일도 해 봐야 아는 법이다. 그렇기에 회사를 다니면서 다양한 도전을 하고 있다. 직접 해 봐야 내가 잘할 수 있는 일인지 알 수 있다. 모든 직업을 다 경험해 볼 수는 없겠지만, 안정적으로 회사에 다니고 있는 동안 나만의 길을 찾고자 한다.

제 2 장

직장인 N잡러, 삶이 바뀐다

2-1

평일에도
주말에도 바쁘다

직장인 N잡러는 바쁘다. 평일은 평일대로, 주말은 주말대로 할 일이 많다. 친구들은 퇴근 후 운동하러 가거나 주말에는 어느 골프장에 갈지를 고민한다. 난 집에 오면 밀린 글을 언제까지 마무리할까, 주말에는 매장 청소를 몇 시까지 끝낼까를 걱정한다.

회사만 다닐 때는 퇴근 후 유튜브를 보면서 시간을 보냈다. 주말에는 가족들과 이곳저곳을 돌아다니거나, 밀린 잠을 채우려고 온종일 침대에 누워있기도 했다. 지금은 다르다. 다이어트를 위해 '이미 아는 맛'을 참듯이, 나 역시 새로운 도전을 위해 '이미 해 본 일'들은 잠시 미뤄 두고 있다.

N잡러인 나는 퇴근 후나 주말에도 부지런히 움직여야 한다. 대단한 일을 하는 건 아니다. 퇴근 후에는 노트북 앞에

앉아 글을 쓰고 주말에는 새벽 일찍 매장 청소를 하러 간다. 운동선수가 자신만의 운동 루틴이 있듯이 나 역시 매일, 매주, 매월 해야 할 일들이 있는 것뿐이다.

하루 글 안 써도 큰일 나지 않는다. "하루를 쉬면 내가 알고, 이틀을 쉬면 캐디가 알고, 사흘을 쉬면 청중이 안다."라는 유명한 골프 명언이 있다. 맞다. 며칠 쉬었다 글을 쓰면 내가 봐도 이상한 문장들이 나온다. 독자들에게 어떤 내용을 전달할까를 고민하기보다는 빨리 써 버려야 한다는 생각에 말도 안 되는 글을 쓸 때도 있었다. 이렇게 써 봤자 독자들이 좋아할 리 없다.

직장인이다 보니 매일 글쓰기가 쉽지 않다. 야근하고 와서 잠시 소파에 누웠을 뿐인데, 눈을 뜨면 아침이 되고는 한다. 그렇게 하루이틀 지나면 노트북 앞에 앉기가 싫어진다. 매일매일 조금이라도 책상 앞에 앉아 있어야 어떻게든 글이 써지고 책이 나온다.

매장을 CCTV로 보면 깨끗해 보인다. 막상 카페에 가면 테이블 위에 커피 자국이 남아 있고, 바닥에는 빨대 비닐들이 떨어져 있다. 마신 음료 안 치우고 가는 손님들도 있다. 무인 카페이기에 '조금은 지저분해도 괜찮겠지.'라고 생각하면, 손님도 없는 무인 매장이 될 수 있다. 주말이면 손님들 오기 전인 새벽에 매장을 깨끗하게 청소해야 한다. 무인카페도 카페다. 지저분한 카페에 손님들이 자주 올 리는 없다.

무인카페도 커피 맛을 일정하게 유지해야 하고, 새로운 음료도 만들어야 하고, 포스터들도 계절마다 바꿔 줘야 한다. 무인이라고 신경을 안 쓰면 손님도 줄어든다. 잘 관리되는 매장이라는 느낌을 주고자 조금씩이라도 변화를 주고 있다.

왜 평일에는 꾸준히 글을 쓰려고 하고, 주말에는 카페를 깨끗이 청소하고 있을까? 초보 N잡러로서 여전히 배워야 할 게 많기 때문이다. 이제야 종이책 두 권에, 전자책 세 권을 썼다. 카페도 3년 정도 운영하고 있을 뿐이다. 단순히 취미로만 글을 쓸 생각은 없다. 회사 다니면서 아무 경험이나 해 보자고 무인카페를 시작하지는 않았다. 취미 생활이 아닌 새로운 직업을 찾기 위해 시작한 일들이다. 퇴직 후에도 꾸준히 할 수 있는 일이 무엇인지 항상 고민 중이다.

책을 내보았기에 글 쓰는 기술은 예전보다 나아졌지만, 독자들에게 도움이 되는 내용을 어떻게 담을까는 항상 고민해야 한다. 그렇기에 매일 꾸준하게 책도 읽고 글을 써야 한다. 직장인이기에 남는 시간은 퇴근 시간 이후밖에 없다. 집에서 편안하게 넷플릭스 보면서 시간을 보낼 수는 없다. 운동을 오랜만에 하면 밖에 나가기 싫듯이 글 안 쓰다 쓰면 컴퓨터도 켜기 싫어진다. 집에 오더라도 책을 읽고 글을 써야 꾸준히 오래 할 수 있다.

무인카페도 똑같다. 내가 없어도 무인 기계 덕에 음료는 24시간 잘 나오지만, 손님들에게 우리 카페가 어떤 가치를 줄 수 있을지 늘 고민해야 한다. 음료가 싸고 맛있어서 좋다는 손님도 있다. 무인이기에 남들 눈치 안 보고 편안히 있을 수 있어서 카페에 오시는 아저씨들도 있다. 이런 분들이 계속 올 수 있게 카페 분위기를 만들어야 한다. 당연히 매장은 깨끗해야 하고 다양한 음료를 어떻게 줄 수 있을지를 고민해야만 한다. 이번 달 매출이 내년에도 유지된다는 보장은 아무도 못 한다. 내 매장의 가치가 계속 업그레이드되도록 만들어 나가야 한다.

나도 퇴근 후면 소파에 눕고 싶고, 주말이면 가족들과 가까운 곳에 놀러 가고 싶다. 그러나 난 직장인, 작가, 무인카페 운영자이다. 책을 쓰지 않으면 작가라고 할 수 없다. 적자 나는 매장을 가지고 있으면서 카페 운영한다고 말하기 어렵다.

　그래도 꾸준히 글을 썼기에 이렇게나마 두 번째 개인 책을 내게 되었다. 카페도 아내와 함께 깨끗하게 청소했기에 손님들이 매장에 꾸준히 오고 있다. 시작한 일들을 중간에 멈추지 않았기에 N잡러가 되어 가고 있다. 바쁜 직장인이라도 새로운 일들을 꾸준히 유지한다면 몇 년 뒤 다양한 이름으로 불리고 있는 자신의 모습을 볼 수 있게 될 것이다.

2-2

싫든 좋든
미니멀 라이프

N잡 때문에 매일, 매주 바쁘긴 하지만 쉬지 않고 일만 하지는 않는다. 유튜브, 인스타그램, 넷플릭스도 종종 본다. 주말이면 가족과 함께 보내고 밀린 잠도 잔다. 그렇다고 놀 거 다 놀면서 일도 잘하는 그런 사람은 아니다. 생각 없이 시간만 보냈던 일들을 줄였을 뿐이다. 삶이 단순해졌기에 다양한 일들이 가능해졌다. N잡러가 되니 자연스럽게 미니멀 라이프를 살게 되었다.

나도 하고 싶은 것들이 많다. 넷플릭스로 밀린 드라마 보고 싶고, 닌텐도로 새로운 게임도 하고 싶고, 전국 구석구석 맛집을 찾아 돌아다니고 싶다. 친구들과 골프도 치고 싶고 가족들과 주말에는 가까운 데라도 놀러 갔으면 좋겠다. 내 생각과는 다르게 현실은 단순하게 산다. 퇴근 후에는 컴퓨터 앞에 앉아 있고, 주말에는 매장 청소 후 키보드를 두드리고 있다. 남는 시간에는 가족들과 시간을 보낸다. 하고 싶은 거 줄이면서 단순하게 사는 데에는 다 이유가 있다.

첫 번째, 내 에너지도 한계가 있다. 난 운동을 싫어한다. 지방간, 역류성 식도염, 고지혈증이 평생 친구인 평범한 50대 아저씨다. 체력이 좋을 리 없다. 회사 다녀오면 힘들다. 주말 아침에 매장 다녀오면 두 시간쯤은 낮잠을 자야 한다. 그렇다고 체력 키우고자 운동하고 싶은 생각은 별로 없다. 떨어진 에너지는 소파에 누워 충분한 휴식을 취할 때나 가능한 사람이다.

이런 나이기에 하루 에너지 총량에 맞춰 할 일에 대한 우선순위를 정하였다. 저녁에 글을 써야 한다면 당연하게 외부 활동을 줄인다. 최대한 야근 안 하고, 술 약속도 없앤다. 집에서도 핸드폰 보는 시간을 줄인다. 주말에는 매장에 가야 하기에 여행이나 다른 취미 활동 안 한 지 오래되었다. 내가 가진 에너지를 지금 해야 할 일에 할당해야 했기에 다른 활동들은 줄일 수밖에 없었다.

두 번째, 내 팔랑귀 때문이다. 나는 주변 사람 말에 쉽게 현혹된다. 자존감 회복에 도움이 된다고 해서 책을 썼다. 무인카페가 안정적인 월 현금 흐름을 만들 수 있다고 해서 창업도 했다. 무인카페가 지금은 쉽게 찾아볼 수 있지만, 2023년도만 해도 대중적인 창업 아이템은 아니었다. 무인카페를 아는 사람도 많지 않았다. 지금도 꾸준히 하는 걸 봐선 운도 좋았지만, 팔랑귀라 다양한 도전을 할 수 있었다.

경주말이 앞만 보고 달릴 수 있도록 눈가리개를 하듯이, 귀가 얇은 나는 다른 유혹에 휩쓸리지 않도록 내 삶을 단순화했다. 낮에는 회사, 저녁에는 글쓰기, 주말에는 무인카페 운영을 하고 남는 시간에는 가족과 시간을 보낸다. 새로운 것들을 해 보고 싶을 때도 있지만, 지금은 이미 시작한 일들을 꾸준히 유지할 시기이다. 다른 유혹에 혹해서 새로운 일을 벌일까 봐 외부 활동을 최대한 줄이고 있다.

세 번째, 금전적인 이유다. N잡러라고 하면 사람들이 부업으로 월 천은 버는 줄 안다. 그렇지 않다. 여전히 월급이 내 주된 수입이다. 인세로는 아이들 치킨이나 돼지고기 사 주고, 무인카페로는 아이들 학원비에 도움이 될 정도이다.

내가 N잡을 시작한 이유는 다양한 파이프라인을 만들기 위해서다. 벌어들인 수입을 재투자해서 수익을 계속 늘려가야 한다. 재투자는 주식이나 부동산 같은 재테크일 수도, 나의 기술을 높이기 위한 배움일 수도 있다. 직장인은 금전적으로 그럴 여유가 많지 않다. 매월 아이들 학원비와 대출금 갚고 나면 더 투자할 돈이 없다. 뭔가를 배우기 위해 유료 온라인 강좌를 들을 시간도 돈도 부족하다. 테슬라 주식이나 서울 아파트 사면 좋은 거 왜 모르겠는가. 원하는 곳에 다 투자할 수 있는 사람은 많지 않다. 아이들 학원비나 대출금 등 먼저 써야 할 돈이 있기에, 다른 일은 최소한으로 줄여 놓았다.

N잡을 하다 보니 미니멀 라이프를 누리게 되었다. 활력이 넘쳐 모든 일을 열정적으로 하는 사람들도 분명히 있다. 불행히 나는 그런 부류는 아니다. 평일 오후 4시만 넘어가면 카페인 음료로 밤까지 버틸 에너지를 만들어야 하고, 주말이면 다음 주를 위하여 밀린 잠을 자며 체력을 보충해 놓아야 한다.

지금은 이미 시작한 일에 집중해야 할 시기다. 다른 일들은 최대한으로 줄여 남는 에너지와 시간을 회사, 글쓰기, 무인카페에만 집중하고 있다. 일부러 미니멀 라이프를 추구한 건 아니다. N잡을 유지하기 위해 자연스럽게 그렇게 되었을 뿐이다.

낮에는 회사 일도 잘하고, 퇴근 후에도 넘치는 힘으로 원하는 일을 다 할 수 있다면 좋겠다. 불행히 난 그렇게 활력이 넘치는 사람이 아니다. 해야 할 일만 하고 있기에, 중간에 포기하지 않고 회사에 다니면서 글도 쓰고 무인카페를 운영할 수 있다. 직장인 N잡러를 꿈꾼다면 성과가 나올 때까지 시작한 일들에 에너지를 집중해야만 한다는 점을 잊지 말자.

2-3

혼자서도 잘해요

어렸을 때 〈TV 유치원〉이라는 방송이 있었다. 그중 〈혼자서도 잘해요〉라는 프로그램을 가장 좋아했다. 어린아이가 혼자서 옷을 입고, 양치하고, 유치원에 가는 과정을 보여 주는 방송이었다. N잡러도 똑같다. 혼자서도 잘해야 할 일이 많다.

회사는 각자 할 일이 나누어져 있다. 판매는 영업에서, 신제품은 개발팀에서, 생산은 제조부서에 하는 등 각자의 할 일이 나눠어 있다. 자기 담당이 아니면 연관된 부서에 요청하면 된다. 고객 대응은 영업팀이 하지만, 비용은 재무팀에서 관리하고, 제품에 대한 설명은 기술부서에서 나눠서 한다. 그렇게 모든 팀이 모여서 성과를 내고 회사의 이익이 늘어나게 된다.

N잡러는 모든 일을 내가 다 해야 한다. 영업, 마케팅, 고객 응대, 기계수리 등 '내가 회사다.'라는 생각으로 수익 창출을 위해 혼자 모든 일을 해야 한다. 내 무인카페는 프랜차이즈 매장이 아니다. 개인이 운영할 때 수익이 더 높기에 주변 사람들 도움을 받아서 직접 열었다. 매장 운영이나 부자재 구매 방법은 지인들이 다 알려 주었지만, 내 매장의 모든 건 스스로 결정해야 했다. 인테리어 업체 선정, 매장 이름, 바닥을 데코로 할지 타일로 할지, 매장 안에 테이블은 몇 개나 둘지 등을 내가 정해야만 했다. 회사에서 엑셀 테이블만 만들던 내가 커피 테이블도 만들어야 했다. 인테리어 용어도 몰랐기에 처음에는 어디서부터 시작해야 할지 막막했다. 도와주신 분들 덕분에 혼자서도 카페를 열 수 있었다.

오픈하고 나니 생각지도 못한 문제들이 생겼다. 새벽 2시에 불량한 학생들이 오기 시작했다. 회사라면 고객 대응부서에 연락하면 되겠지만 내가 운영하는 매장이다. 어떻게 해야 할지 스스로 결정해야 했다. 어른으로서 좋게 타이르면 되지 않을까 싶다가도 얼굴 보고 이야기하다 나에게 해코지라도 하지 않을까 무서워지기도 했다. 경찰을 불러야 하나 고민을 하다 방송으로 아이들을 내보내기는 했지만, 회사에서는 경험해 보지 못했을 일에 당황했었다.

세금 처리도 막막했다. 회사에서는 세금을 다 계산해서 월급을 주고 12월에 연말정산만 하면 된다. 자영업자들은 매년 두 번 부가가치세와 5월이면 종합소득세를 내야 한다. e-Tax로 쉽게 한다고는 하지만, 설명도 없다. 어디에 물어볼 사람도 없이 아내와 함께 끙끙대며 신고를 하고는 했다.

커피 맛 관리, 기계 고장 시 긴급 처리 방법, 단골 유치를 위한 손님 대응, 매장 수선 등 모든 일을 알아서 해야만 했다. 회사는 무슨 일이 생기면 물어볼 데라도 있지만, 자영업자는 모든 일을 혼자서 해내야만 했다.

책 쓰기도 마찬가지다. 회사에서는 보고서 방향을 윗사람들과 논의하고 결정된 대로 쓰면 되지만, 내 책 주제에 대해서는 다른 사람과 이야기할 수 없다. 책 표지, 종이, 홍보 방법까지 모든 걸 다 알아서 해야만 한다.

처음에는 다 막막해 보이던 일들이지만 신기하게도 막상 하게 되면 해결이 되었다. 매장에 앉아만 있는 손님들에게는 음료 주문하라고 말하면 되고, 인테리어 수선은 유튜브 찾아가면서 고객들이 좋아할 방향으로 하면 되었다. 이렇게 문제들을 처리하다 보니 나만의 규칙이 생겼다.

첫째, 문제는 어떻게든 해결된다. 지금껏 내가 알지 못했던 일들이기에 처음에는 당황스럽고, 자꾸 '안되면 어떡하지?'라는 나쁜 생각만 들었다. 머뭇거릴수록 문제는 더 꼬였다. 여기저기 물어보면 해결 방법이 나오면서 내가 생각했던 최악의 상황은 생기지 않았다. 문제는 어떻게든 처리되고는 했다.

두 번째, 피하지 말자. 회사에서는 혼자 못할 일도 있기에 눈치껏 일을 골라 해야 한다. N잡러는 나 아니면 할 사람이 없고, 고객 불만을 해결 못 한 채 그대로 두면 나중에 더 큰 손해가 날 수 있다. 매장 안에서 냄새나는 음식 먹는 사람을 그대로 두어서는 안 되고, 날은 더워지는데 에어컨 청소 안 하고 돌릴 수는 없다. 한두 번이야 괜찮겠지만 계속 내버려 두면 매출 줄어들 일만 남는다. 문제가 발생했다면 가능한 한 빠르게 대처해야만 더 큰 골칫거리를 막을 수 있다.

세 번째, 물어보면 도와줄 사람은 많다. 어디에 연락할지 몰라서, 물어봤자 안 해 준다고 할까 봐 혼자서 끙끙대고는 했다. 요청하면 다들 아는 만큼 도와주었다. 답 안 나오는 거 혼자 고민해 봤자 시간 낭비다. 공손하게 도와달라고 하면 대부분은 도와준다. 세상이 그렇게 나쁘지 않다는 걸 다시금 깨닫고는 했다.

회사를 자기 회사라 생각하고, 회사 일을 자기 일처럼 하면 성공한다고들 한다. 이해는 되지만 그대로 생각하고 행동할 수는 없다. N잡러는 모든 일이 정말로 내 일이다. 내가 해야만 할 일이기에 피할 수도 없다. 어떻게든 해결해야만 한다. 때로는 두렵고, 최악의 일이 생길까 봐 걱정된다. N잡러가 되고자 한다면 피할 수 없는 일이고 다 해결될 일이다. 지나고 나면 생각만큼 어렵지도 않았고, 최악의 상황은 생기지도 않았다. 새로운 도전을 원한다면 두려워하지 말고 주변에 물어보면서 하나씩 해결해 보자.

2-4

회사
열심히 다니겠습니다

 언제까지 회사에 다닐 수 있을지 모르기에 N잡을 시작했다. 이상하게도 새롭게 시작한 일들에 집중하면 할수록 회사 일도 열심히 하게 된다. 덕분에 예전과는 다른 모습들이 나오기 시작했다.

 30분 전에 미리 출근해서 오늘, 일주일의 일을 확인하고, 우선순위에 따라 해야 할 업무를 미리 준비하는 능력이 출중한 직장인. 남의 일이라도 회사에 필요하다면 내 시간을 들여서라도 처리하는 사람. 퇴근 시간 이후에도 남은 일을 마무리하고 회식에서 모두를 즐겁게 해 주는 직원. 이런 모습이 이상적인 직장인이지만 나는 그런 사람이 아니다.
 일요일 저녁에는 다음 날 눈뜨기 싫어서 늦게 자려 하고, 월요일 아침에는 연차를 낼까 말까 고민하면서 문을 나서고는 한다. 몸이 아프면 회사보다는 병원에 가는 것이 나와 회사를 위하는 일이라고 생각하는 직장인. 회사에서도 "제가 하겠습니다."라는 말보다 눈치껏 필요한 일만 하려고 하고, 회식은 어떻게든 안 가려고 이리저리 이유를 대는 그저 그런 회사원이다.

보고서를 어떻게 하면 더 잘 쓸까보다는 점심으로 뭘 먹을지를 심각하게 고민하는 퇴근만 기다리는 평범한 회사원이다. N잡을 시작하고 나니 이런 식으로 일할 수가 없었다.

회사 일을 예전보다 더 열심히 하지 않으면 글쓰기나 매장 관리할 시간을 낼 수가 없다. 오늘 일을 다 못 해 야근하면 저녁에 글 쓸 시간이 없다. 업무가 다음 주로 넘어가면 월요일에 뭐부터 해야 할지 걱정하느라 매장에서 빗자루가 손에 잘 안 잡히기도 한다. 근무시간에는 일에 집중해서 최대한 빨리 많이 해두려고 한다. 그래야만 평일 저녁과 주말에 내 일에 집중할 수 있는 시간을 확보할 수 있다. N잡을 시작하고 나서 가장 크게 변화된 부분이다.

또 달라진 점도 있다. 세상을 긍정적으로 보게 되었다. N

잡은 모든 일을 나 혼자 해야만 한다. 처음에는 물어볼 곳도 없고, 무슨 일이 생길지 몰라 걱정만 하고는 했다. 추석 연휴 첫날 커피가 안 나온다는 연락을 새벽 2시에 받았다. 당황스러웠다. AS는 다음 주에나 되기에 긴 연휴 매출을 포기해야만 했다. 불안감을 가득 안고 부랴부랴 매장에 바로 갔다. 그라인더를 분해해서 청소하고 조립하니 커피가 다시 나오기 시작했다. 어려운 일은 아니었다. 몰라서 두려웠을 뿐이었다. 막상 일을 처리하고 나니 기계 고장이 나더라도 왠지 고칠 수 있을 것 같은 자신감이 생겼다.

생각지도 못한 문제들도 발생한다. "매장이 더워요.", "모기가 많아요.", "커피 맛이 이상해졌어요." 등 여러 문의가 오고는 했다. 카페를 처음 운영해 보는 평범한 직장인이 아는 건 별로 없었다. 이것저것 찾아보고 주변 사람들에게 물어보니 어떻게든 해결이 되고는 했다.

뭐든지 시작할 때는 다 무서웠다. 책은 제대로 쓸 수나 있을지, 내용이 이상하다고 사람들이 수군거리지는 않을지, 초고도 못 쓴 채 걱정부터 하고는 했다. 무인카페는 매장에 사람이 없으니 무슨 일이 생기면 어떻게 대응해야 할지 몰라 부정적인 생각들만 자꾸 떠올랐다. 첫 책이 나온 지 2년이 지났지만, 내용이 이상하다고 한 사람도 없고 무인 매장은 지금껏 큰 문제 없이 운영 중이다. 걱정했었던 일들 대부분은 생기지도 않았고 일어나더라도 그럭저럭 해결되니 세상을 긍정적으로 보게 되었다.

마지막으로는 나만의 루틴을 만들게 되었다. 회사도 다니고, 글도 쓰고, 무인 매장도 운영하려면 나만의 습관이 있어야 한다. 그래서 글을 쓰기 위한 나만의 루틴을 만들었다. 평일 저녁 글쓰기, 새벽 수정이다. 저녁에 쓴 글을 다음 날 아침에 보면 손발이 오그라들어 그대로 둘 수가 없다. 새벽에 일어나서 고쳐야 하니 저녁에 일찍 자게 된다. 주말에는 새벽 매장 청소 후 한숨 자고 오후에 밀린 글을 쓴다.

주중에는 생각지 못한 일들이 종종 생긴다. 늦게 퇴근하기도 하고, 술 한번 먹으면 이틀은 쉬어야 한다. 사춘기 아들들과의 여러 일로 컴퓨터를 못 켜는 경우도 많다. 주말에 미리 써두거나 기초 자료를 찾아두지 않으면 평일에는 노트북 앞에 멍하니 앉아 있어야만 한다. 이런 일을 막기 위해서라도 자연스럽게 나만의 루틴이 만들어지게 되었다.

회사는 가늘고 길게 다니고, 남에게 피해 안 주고 적당히 살자는 생각을 하고는 했다. 세상은 아름답고 뭐든 다 할 수 있다는 열정이 넘치던 시간은 예전에 다 흘러간 줄 알았다. N잡을 시작하고 나니 기존 생각이 싫든 좋든 바뀔 수밖에 없었다. 다행히 앞으로도 도전할 일들이 더 있을 거라는 희망이 생기는 것도 지금 하는 일들 덕분이다. 직장인이라면 머뭇거리지 말고 새로운 일들에 도전해 보자. 회사에서도 바깥에서도 변화된 자신의 모습을 보게 될 것이다.

2-5

앞만 보고 달리자!

 N잡을 하고 있지만 그만두고 싶은 마음도 종종 생긴다. '글 하루 안 써도 괜찮아, 카페 청소 안 해도 손님들은 모를 거야.' 등등 퇴근 후에 그냥 놀고 싶다는 생각도 자주 든다. 포기하였다면 시간과 돈도 버리고, 해도 안 되는 일은 있었다면서 계속 투덜거리고만 있었을 거다. 다행히 지금도 계속 글을 쓰고 무인카페를 운영하고 있다. N잡을 원하는 직장인들에게 도움이 될 만한 나만의 경험을 적어 보고자 한다.

 첫 번째, 할 일이 있다면 미루지 말자. 할 일이 쌓일수록 안 할 이유만 생긴다. '야근해서 피곤하니 내일 글 써야지.', '책 안 써도 먹고 살 수 있잖아. 잠이나 자자.', '매장 청소 매일 한다고 손님이 더 오는 것도 아닌데 귀찮게 왜 가. 그냥 집에서 쉬자.' 등 할 일들을 처리하기보단 집에서 유튜브 볼 이유를 스스로 만들어 낸다.

결국 해야 할 일이다. 미루면 미룰수록 몰아서 급하게 해야만 한다. 귀찮더라도 눈 딱 감고 시작하자. 막상 하면 몇 분 안 걸린다. 변명만 생각하던 시간에 다 가능한 일들이다. 학생 때 벼락치기 한 시험 성적이 좋았던 적이 없었듯이, 몰아서 한 일들이 제대로 될 리 없다. 이미 알고 있는 사실이지만, 이제는 그러지 말자. 할 일이면 아무 생각 없이 바로 하자.

두 번째, 실망하지 말자. 처음 블로그에 포스팅했을 때 많은 댓글이 달릴 줄 알았다. 댓글은커녕 조회 수도 늘지 않는 글들이 대부분이었다. 새 글을 써도 마찬가지였다. 읽히지도 않는 글을 왜 써야 하나 싶은 적도 있었다. 내 이름을 단 책이 출간되기는 했지만, 친척과 주변 사람들이 잠깐 사준 후에는 판매 부수가 뚝 떨어졌다. 창고에 오랜 기간 남아 있을 재고를 생각하니 왜 썼나 후회도 되고는 했다.

무인카페를 오픈했을 때도 별반 다르지 않았다. 빈 매장을 보면서 자영업 하면 망한다는 말이 이해되었다. 매장이 손님으로 꽉 차 있는 상상도 했지만 비어 있는 경우가 더 많았다. 내일은 더 나아지기라 기대해도 매장에 놓인 빈 컵을 보면 실망만 쌓일 뿐이었다.

처음 시작하는 일들이다. 첫술에 배부를 수 없다. 신입 사원 때 왜 이리 일을 못 하나 자책도 하고는 했지만, 20년째 회사 잘 다니고 있다. 똑같다. 내 글이 보기 싫어 잠시 쉬었더라도 꾸준히 쓰니 이렇게 두 번째 책도 낼 수 있었다. 손님 보기 어려웠던 무인카페도 단골이 늘어나면서 매출도 안정적으로 나오고 있다. 지나고 보니 실망할 일들은 아니었다. 시간이 흐르면 다 해결될 일들이었다. 생각대로 안 되더라도 투덜대지 않고 할 일은 해 두려고 한다.

세 번째, 또 다른 캐릭터로 사는 재미를 찾아보자. 남다른 취미가 없었던 나는 집에 있으면 대부분 유튜브를 보거나 책을 읽었다. 심심한 직장인이었다. 주변 사람 몇 명만 아는 무명 작가지만, 그래도 작가로 불리려면 글을 계속 써야 한다. 글이 잘 풀리는 날에는 쾌감이 들기도 한다. 간혹 내 책이나 글을 보고 고맙다고 말하는 독자들을 보면 작가로서 사는 것도 괜찮다는 생각도 든다.

무인카페도 마찬가지다. 나만의 매장을 가꾸는 즐거움에

주말이 기다려진다. 새로운 포스터를 어떻게 붙일까 고민하고, 다이소에서 산 소품들로 매장을 꾸미는 재미가 있다. 머신 세팅을 바꿔가면서 나만의 커피 맛을 찾아가기도 하고, 창문에 시트지를 붙이면서 DIY에 관심이 생기고는 했다. 내 매장이기에 가능한 일들이다. 직장인이지만 작가이자 카페 사장으로서 사는 재미에 N잡을 꾸준히 하고 있다.

네 번째, 같은 관심을 가진 사람들과 함께하자. 글쓰기는 나 혼자만의 작업이다. 누가 대신 써주지도, 주제도 찾아 주지 않는다. 혼자였다면 예전에 그만두었을 거다. 독서 모임도 하고 글쓰기 모임에서 작가들을 자주 보게 되니 글을 계속 쓰게 되었다. 모이면 책 읽고 글 쓰는 이야기만 하기에 딴생각 안 하고 책을 꾸준히 쓰는 힘이 생겼다.

무인카페 단톡방에서 서로 힘든 이야기를 들어주고, 무인카페를 하는 친구들과 만나면서 아이디어 교환도 하고 있다. 이런 동료들 덕분에 매장을 꾸준히 운영하고 있다. 멀리 갈수록 함께 가라고 하지 않았는가. 함께하는 동료들 덕분에 힘들더라도 꾸준히 여러 일을 하고 있다.

멈추면 다시 시작하기 어렵기에 하던 일들을 계속하고 있다. 쉬지 않고 달렸기에 처음에는 생각도 못 했던 결과들이 나오고 있다. 한 권 냈던 종이책이 두 권이 되었고, 전자책도 쓰다 보니 세 권이나 되었다. 망하지 않아서 다행이라던 무인카페도 단골들에게는 소중한 모임 장소가 되어 내 카페만의 매력이 생겨났다.

추가 수입을 만들려고 시작한 N잡이지만 힘들어서 쉽게 그만둘 수도 있다. 그럴 때는 자신만의 이유를 찾아서 버텨보자. 시간이 지날수록 예전과 다른 모습 때문에 사람들이 조언을 얻으러 오는 날이 올 것이다. 전쟁터 같다는 회사도 지금껏 잘 다니고 있는데, 이미 시작한 일들을 쉽게 그만둘 수 없다. 앞만 보고 달리다 보면 못 할 일도 아니라는 것을 금방 알게 될 것이다.

2부

N잡러 꿀팁 대방출

제 1 장

보고서 많이 썼다, 이제는 책 써서 작가 되자

1-1

직장인이여 책을 쓰자!

 독서가 취미인 사람을 주변에서 찾기는 쉽지 않다. 독서 모임을 가거나 글쓰기 강좌를 듣는다면 책을 좋아하는 사람을 볼 수 있겠지만, 직장인들이 자주 가는 모임은 아니다. 회사 동료나 친구 중에서도 책 읽기가 취미인 사람은 나 혼자이고, 술자리에서 책 이야기라도 하면 벌주만 먹어야 한다.

 책을 안 읽는 것도 이해는 된다. 필요한 정보들은 유튜브나 인스타그램에서 충분히 찾을 수 있다. 동영상 콘텐츠가 끊임없이 쏟아지는 이 시대에 재미를 위해 책을 볼 사람이 얼마나 있을까. 나 역시 궁금한 사항들은 유튜브를 통해서 찾는다. 예전처럼 도서관에 가서 책들을 앞에 쌓아 놓고 필요한 정보들을 노트에 옮겨 적지 않는다. 그렇지만 나는 여전히 책을 읽고 쓰고 있다. 책을 통해 회사 생활에 필요한 부분들을 배웠기 때문이다. 직장인이라면 책을 꼭 써 보라고 말하고 싶다. 회사 다니기도 바쁜데 왜 책까지 써야 할까?

우선은 직장 생활에 필요한 기술들을 책을 쓰면서 빠르게 배울 수 있기 때문이다. 회사에서 직급이 올라갈수록 보고서 쓸 일이 많아진다. 이때 필요한 능력이 기획력이다. 책을 쓰면 이 기술을 쉽게 익힐 수 있다. 잘 쓴 보고서는 파워포인트 장수와는 상관없다. 보고서 스토리만 좋으면 말하고 싶은 내용이 쉽게 전달된다.

책의 목차를 만들어 보기만 해도 보고서를 어떻게 구성해야 할지 감이 온다. 목차는 내가 하고 싶은 말을 독자들에게 쉽게 전달하기 위한 순서를 짜는 것이다. 각 장에 어떤 내용을 넣고, 세부 꼭지에 무엇을 넣을지 고민하고 구성해야 메시지가 정확하게 독자들에게 전달된다. 회사에서 보고서 스토리 짜는 법과 똑같다. 책 안 썼다고 보고서 작성법을 못 배우는 건 아니지만, 한 권이라도 써 보면 보고서 수준이 눈에 띄게 높아진다. 회사에서 문서 작성할 일이 많아질 거라면 업무 능력을 기르기 위해서라도 책을 꼭 써 보았으면 한다.

책을 쓰면 당연히 글쓰기에도 도움이 된다. 회사에서 다른 사람의 보고서를 읽어도 무슨 말인지 모를 때가 많다. 말 그대로를 글자로 옮겼기 때문이다. 말하듯이 쓴다고 남들이 이해하기 쉬운 문장이 되지 않는다. 내가 말하고자 하는 의도를 정확한 언어로 써야, 보고서를 읽는 사람들도 무슨 내용인지 바로 이해할 수 있다. 당연히 책을 쓰면 이런 글쓰기 훈련이 되기에 보고서나 메일을 읽기 쉽게 작성할 수 있다.

마케팅이나 영업에도 책 쓰기가 도움이 되기도 한다. 책은 구매자인 독자를 항상 생각하며 써야 한다. 독자들이 필요로 하고, 좋아할 문장을 늘 고민하면서 키보드를 두드려야 한다. 마케팅이나 영업도 고객을 위해 일해야 하지만 언제나 그렇지만은 않다. 손님들이 필요로 하는 것보다는 내가 팔아야 하는 제품의 특징을 말하게 되는 경우가 종종 있다. 책을 쓰다가도 자주 생기는 일이다. 독자가 원하는 내용보다는 내가 하고 싶은 말만 쓰는 경우가 많다. 이런 글은 독자들에게 공감을 받을 수 없기에 고객들을 생각하며 글을 써야 한다. 그렇기에 책을 쓰면 고객을 생각하는 훈련을 꾸준하게 할 수 있다.

남들과의 차별화에도 책 쓰기가 도움이 된다. 회사에 있을 때나 차장님, 부장님이라고 불리지만, 회사만 나오면 평범한 아저씨일 뿐이다. 대기업 명함이 좋다고 하지만, 내가 회사에 다니고 있는 동안에만 도움이 된다. 내 이름과 직업만 적힌 명함을 준들 내가 무슨 일을 하고 믿을만한 사람인지 남들은 알 수 없다. 반면, 내가 쓴 책과 함께 작가라고 적혀 있는 명함을 준다면 나의 신뢰도는 급상승한다.

실제 있었던 일이다. 아는 사람이 없는 처음 나가는 모임이었다. 각자 자기소개를 하자 서로가 형식적으로 고개만 끄덕거릴 뿐이었다. 내 차례가 왔다. 직접 쓴 책을 보여 주면서 작가라는 명함을 주었다. 사람들의 입에서 짧게 "오~"라는 말이 나오면서 눈빛이 부드러워지는 모습을 보았다. 책 한 권으로 내가 어떤 사람인지를 처음 가는 모임에서 바로 설명할 수 있었다.

또한 책을 쓰면 그 분야의 전문가로 인정받을 수도 있다. 책 한 권을 내기 위해서는 읽어야 할 관련 도서들이 상당히 많다. 지금 내 책상에도 20권 정도의 책들이 놓여 있다. 지금 쓰고 있는 내용과 관련된 책들이다. 이 외에도 책장에 따로

뽑아 놓은 책들만 해도 약 40권은 된다. 플래티넘 신용 카드는 못 가진 내가 예스24 플래티넘 회원이 된 이유다. 나는 이 정도를 읽어야 책 한 권을 쓸 내용을 모을 수 있다. 책을 쓰려면 주제와 관련된 공부를 깊게 해야만 하기에 전문가로 불릴 정도의 지식을 쌓을 수 있다.

이 외에도 책 한 권을 낼 때까지 오랜 시간을 버틸 수 있는 끈기를 배울 수 있고, 떨어진 자존감을 회복할 수 있는 등 여러 장점이 있다.

직장인에게 책 한 권 써 보라고 말하는 것이 얼마나 어려운지 안다. 나 역시 지난주 계속된 보고서와 야근으로 컴퓨터를 켜지도 못하다가 출근 전에 잠깐 쓰고 있다. 회사만 잘 다니기도 어려운데, 잠을 줄여가며 책 쓰기가 쉽지 않다. 그러나 책 한 권이 회사 생활에 큰 도움이 되고 있기에 지금도 꾸준히 글을 쓰고 있다. 직장인들이라면 더 나은 경력을 위해 작가라는 새로운 영역에 도전해 보았으면 한다.

> **따라만 하면 N잡러가 되는 꿀팁 1**
>
> 회사에서 높은 기획력이 필요하거나, 잘 읽히는 보고서를 써야 한다면 책을 한번 써 보자. 달라진 업무 능력 때문에 주변 사람들이 놀랄 수 있다.

1-2

책 쓰는 목적을 명확히 하자

요즘은 출간할 방법이 많아졌다. 예전에는 신춘문예 등을 통해 등단해야만 책을 내고는 했지만, 지금은 누구나 자신만의 책을 가질 수 있다. 원고만 있다면 출간할 방법은 많기에, 책 쓰는 목적을 사전에 명확하게 정하였으면 한다.

자기만족, 사업 홍보용, 퍼스널 브랜딩 등 책 쓰는 이유는 다양하다. 왜 글을 쓰는지 정확히 알아야 그에 맞는 책을 낼 수 있다. 태백산맥 같은 대하소설을 쓸 생각이 없다면, 초보 작가가 주로 내는 책은 자기 계발서 아니면 에세이다. 어느 종류의 책이 자신에게 맞는지 알아보자.

1) 퍼스널 브랜딩 또는 홍보를 위한 책: 자기 계발서

퍼스널 브랜딩이나 자기 홍보를 위한 책은 자기 계발서이다. 강의도 하면서 자신만의 브랜드를 쌓고 싶은 분들에게는 책이 작가의 전문성을 높이는 데 큰 도움이 된다. 예를 들어 보자. 평범한 직장인인 내가 글쓰기 강사가 되고 싶다면 어떻게 해야 할까? 백화점 문화센터나 도서관 등에 글쓰기 관련 강의 요청을 해야 한다. 어떤 내용으로 강연할지를 일목요연하게 정리해서 프로필과 함께 보내도 연락이 올 곳은 없다.

회사에서야 내가 어떤 일을 하는지 주변 사람들이 알지만, 회사 밖에서는 아무도 내 능력을 모른다. 나만의 모임을 만들어 꾸준히 글쓰기 강의를 하고 SNS로 홍보하였다면 가능하겠지만, 회사원이 정기적으로 외부 모임을 하기 쉽지 않다. 직장인인 내가 뭘 잘하는지를 회사 밖에서는 알릴 방법이 거의 없다.

만약 책 쓰기에 관한 책을 출간하였다면, 센터 등에 강의 요청하기가 훨씬 쉬워질 것이다. 말도 잘할지는 알 수 없지만, 책 한 권을 냈다면 1~2시간 정도 이야기할 콘텐츠는 있다는 것을 남들에게 쉽게 알릴 수 있다. 글쓰기 모임에서 만났던 도서관 사서는 전문성을 보여 줄 수 있는 이력이나 책 등이 있다면 강사 지원에 유리하다고도 하였다.

책 한 권이 강의를 할 수 있는 만능열쇠는 아니지만, 새로운 일을 시작할 길을 만들어 줄 수는 있다. 꾸준히 관련 모임에 나가고 블로그나 인스타그램 등에 글쓰기 홍보를 하면서 책까지 쓴다면 자신만의 입지를 차곡차곡 다질 수 있다.

책으로 퍼스널 브랜딩을 높이고 싶다면, 책 내용도 독자에게 자신의 전문성을 드러낼 수 있는 방향으로 써야 한다. 출간 방법에 관한 책이라면 자신의 글쓰기 경력과 방법, 책을 썼을 때의 장점 등이 들어가 있어야 한다. 또한 글쓰기가 자기에게 어떻게 도움이 되었는지를 보여 주면서 독자들도 충분히 같은 효과를 얻을 수 있다는 점을 알려 줘야 한다. 책의 내용은 단순 명료하고, 해결책을 바로 알려 줘서 독자들이 쉽게 따라 할 수 있어야 한다.

국민 강사로 유명한 김미경 작가의 책을 읽어 보면 책으로 퍼스널 브랜딩을 어떻게 해야 하는지 알 수 있다. 또한 『대통령의 글쓰기』로 유명한 강원국 작가의 책들을 보면 자기 계발서는 어떻게 써야 하는지 참고할 수 있기에 꼭 한번 읽어 보자.

2) 주변 사람들과 공감이나 자기 위안을 위한 책: 에세이

책이 개인의 전문성을 드러내기 위한 목적이 있어야만 쓸 수 있는 것은 아니다. 자기만족이나 독자들과 공감하기 위해서 쓸 수도 있다. 단지 글을 쓰고 싶어서 책을 낸 사람도 있고, 자신의 아팠던 경험을 공유하면서 독자들에게 희망을 주기 위해서 쓴 작가들도 있다.

내 첫 책은 당시 답답했던 회사 생활을 견디기 위하여 썼었다. 글을 쓰면서 떨어졌던 자존감도 회복할 수 있었고, 글쓰기 모임에서 여러 사람과 교류 하면서 괴로웠던 회사 생활을 견딜 힘을 얻기도 하였다. 책을 쓰면서 불안했던 시기를 큰 사고 없이 넘어갈 수 있었다.

이런 책들이라면 자신의 경험을 솔직하게 이야기하면서 독자와 소통을 해야 한다. 중요한 점은 독자들과 공감할 수 있는 내용이어야 한다. 읽는 사람이 이해하지 못하는 자신만의 이야기는 그저 일기일 뿐이다. 내가 살아온 인생을 책으로 쓴다면 대하소설이 될 거라고 말하는 사람들이 있지만, 독자가 공감할 수 없는 내용이라면 긴 하소연만 된다.

자신의 경험이나 일상에서 느꼈던 점을 독자들과 함께 소통할 수 있어야 에세이가 된다. 서점에 가면 자신의 힘들었던 시기를 극복해 가면서 같은 어려움을 겪는 독자들에게 희망을 주는 책들이 많다. 그 말은 우리 모두 책을 쓸 수 있다는 뜻이다. 아픔 없이 살아 온 사람이 몇 명이나 있겠는가. 에세이로는 이슬아 작가가 유명하다. 그녀의 솔직한 삶에 나 역시 고개를 연신 끄덕이면서 책을 읽고는 했다.

책 한 권을 내기 위해서는 A4로 약 100장 정도의 초고를 써야 한다. 책을 쓰는 자신만의 이유가 없으면 이 정도 양을 채우기가 쉽지 않다. 초고를 다 썼다고 책이 바로 나오지 않는다. 출판사가 됐다고 할 때까지 퇴고도 해야 한다. 책 한 권이 나오기까지 사람마다 다르지만 짧게는 6개월에서 길게는 몇 년이 걸리기도 한다. 작가가 된다는 것은 쉬운 일은 아니지만, 내 열 손가락과 두 눈만 꾸준히 움직이기만 하면 될 일이기도 하다.

마라톤도 결승점이 있기에 힘든 과정을 버티면서 나아갈 수 있다. 책도 써야 할 목적이 명확하다면 힘들고 긴 시간을 견디면서 출간할 수 있다. 작가가 되기를 원하는 독자라면 책 쓰는 이유를 먼저 생각해 보기를 바란다.

> **따라만 하면 N잡러가 되는 꿀팁 2**
>
> 책 내용에 따라 출간 분야 및 글 쓰는 방법이 달라지기에 책 쓰는 이유를 먼저 고민해 보자.

1-3

목적에 따라
출간 방법도 다르다

지금은 책을 내는 방법이 많아졌기에, 누구나 원한다면 출간이 가능해졌다. 책을 쓸 생각이 있는 직장인이라면 다양한 출간 방법에 대해서 알아보자. 기획출판, 자비 출판, 독립 출판 등을 통해 언제든 책을 만들 수 있다.

1) 기획출판

출판사의 비용으로 책을 출간하는 방식이다. 인세는 보통 5~10% 정도이며, 작가는 경비에 대한 부담을 덜 수 있다. 출판사에서 홍보 및 마케팅도 진행하여 주지만, 출판사의 의도에 맞춰 책을 써야 하기에 양측의 소통이 중요하다. 출판사의 인프라를 활용하여 더 많은 사람에게 책을 팔 수 있다. 초보 작가에게는 쉽지 않겠지만, 책을 꾸준히 쓰고자 한다면 기획출판에도 도전해 보자.

2) 자비 출판

자기 비용으로 출간하는 방법이다. 작가가 생각하는 대로 책을 쓸 수는 있지만, 기획, 집필, 홍보, 편집, 제작 등을 혼자 해야 한다. 책 쓰는 것 외에도 할 일이 많다는 단점이 있다.

3) 반기획 출판

기획출판과 자비 출판의 중간에 있는 방식이다. 출판사와 작가가 비용을 서로 부담하여 출간한다. 출판사는 편집, 디자인, 제본 등을 해 주고, 작가는 자신의 의도대로 책 쓰기에만 집중할 수 있다는 장점이 있다. 계약 조건에 따라 다를 수 있지만, 인세는 20~40% 정도이다. 나도 첫 책은 반기획 출판을 했다. 출판사는 책이 안 팔릴 경우의 위험을 줄일 수 있고, 초보 작가는 책 쓰기에 집중할 수 있다는 장점이 있다.

4) 독립 출판

개인이나 소수의 모임이 직접 기획, 편집, 인쇄, 제본 후 책을 내는 방식이다. 작가의 뜻대로 책을 만들 수 있고 독립 출판 전문 서점을 통해 판매도 가능하다.

5) 자가 출판 플랫폼(Publish On Demand)을 통한 출판

온라인을 통해 책을 만들 수 있는 부크크라는 자가 출판 플랫폼도 있다. 다른 사람들의 간섭 없이 자신만의 책을 만들고 싶다면 자가 출판에 도전해 보자.

책을 내고자 하는 사람이 많아진 만큼 출간 방법도 다양해졌다. 원고만 있다면 자신의 이름을 단 책을 내는 것이 불가능하지 않다. 출판사가 홍보도 해 주고 비용도 들어가지 않기에 기획출판으로 책을 내고 싶은 작가들이 많지만, 기획출판이 쉽지는 않다.

내 출간 경험을 공유하자면, 첫 책의 원고를 약 300곳의

출판사에 투고하였다. 대부분 거절당하겠지만 그래도 몇 군데와는 쉽게 계약 체결이 될 거라는 희망이 있었다. 아빠가 쓴 육아서라는 다른 책과의 차별점이 있다고 생각했지만, 한 곳에서만 반기획 출간으로 책을 내자는 연락을 받았다. 여러 곳에서 연락이 올 줄 알았었기에 처음에는 크게 실망했었다. 다시 생각해 보면 당연한 일이었다. SNS도 제대로 안 하는 인지도 없는 초보 작가의 책을 출판사가 리스크를 안고서 만들어 줄 리 없었다. 반대로 생각한다면, 원고와 초기 비용만 있다면 초보 작가도 책을 출간할 수 있다는 말이기도 하다. 그렇기에 처음 책을 내고자 하는 작가라면 좋은 원고를 쓰는 데 집중해야 한다. 자신의 하소연이 담긴 책은 독자들의 호응을 받을 수 없다. 독자들에게 도움이 될 수 있는 내용이 담긴 글을 써야 한다.

또한, 책 출간을 원한다면 SNS를 통한 본인 홍보는 꼭 필요하다. 이제는 작가가 책을 파는 시대이다. 예전처럼 신문이나 잡지 등을 통해 홍보한다고 책이 팔리지 않는다. 독자들도 자신과 꾸준히 소통하던 작가의 책을 사기에 출간을 원한다면 평상시에 SNS를 꾸준히 할 필요가 있다. 인스타그램이나 블로그 등으로 온라인 친구들과 계속 소통한다면 책이 나오더라도 쉽게 홍보할 수 있다. 직장인이라면 자신을 알릴 수 있는 SNS 부계정을 만드는 것을 추천한다. 낮에는 본업에 충실한 회사원으로, 밤에는 글을 쓰는 작가로 살아 보자.

> **따라만 하면 N잡러가 되는 꿀팁 3**
>
> 책을 내는 방법은 많다. 독자에게 도움을 줄 수 있는 원고와 자신에 맞는 출판 방법으로 작가가 되어 보자.

1-4

어떤 주제로
책을 쓸까?

 책을 쓸 이유도 찾았고, 출간 방법도 정했다. 이제 원고만 채우면 되지만, 무엇을 써야 할지 눈앞이 캄캄하다. 회사 보고서는 상사가 방향이라도 정해 주기에 내용을 어떻게 채울지 고민만 하면 된다. 내 책은 누구도 무엇을 어떻게 쓰라고 말해 주지 않는다. 특히 처음 책을 쓰는 직장인이라면 더더욱 답답하다. 회사에서 시킨 일만 하면서 지냈을 뿐인데, 내 책을 쓰려고 하니 어디서부터 시작해야 할지 모르겠다. 나 역시 모니터 앞에서 키보드 위에 손만 올려놓은 채 멍하니 있을 때도 종종 있다. 글쓰기가 어려운 직장인들에게 주제를 쉽게 찾는 방법을 나눠보고자 한다.

1) 자신이 하는 일과 관련된 내용을 써 보자

 하루 중 가장 많은 시간을 보내는 곳에서 주제를 찾아보자. 직장인이 회사 내부 정보를 쓰라는 말은 아니다. 일하면서 익힌 기술이나 일 잘하는 방법에 관해서라면 누구든 쉽게 책을 쓸 수 있다. 인사팀 직원이라면 자기소개서 쓰는 방법, 면접 잘 보는 방법 등을 취업준비생에게 누구보다 쉽게 설명하여 줄 수 있다. 또한 신입 직원에게 필요한 기본 회사 업무나 용어, 업무 태도 등에 관해서도 책을 쓸 수 있다.

 회사에서 주로 사용하는 업무 기술에 관해 쓰는 것도 좋은 주제이다. 새로운 팀에 갔을 때 보고서 때문에 많은 스트레스를 받았었다. 어떻게 쓰는지 자세히 알려 주는 사람도 없는데 보고서는 매주 나와야만 했었다. 유튜브도 보고 블로그도 찾아보았었지만 큰 도움이 되지 않았다. 너무 답답해서 『실무에 바로 쓰는 일잘러의 보고서 작성법』을 사서 읽었다. 저자가 실제 회사에서 사용하는 보고서 작성 방법과 주의할 사항에 대해서 자세하게 적혀 있었다. 바로 업무에 적용 가능한 기술들이 있었기에 보고서 작성에 큰 도움이 되었다.

이처럼 일하면서 배운 자신만의 기술도 훌륭한 책의 주제가 될 수 있다.

강원국 작가의 『대통령의 글쓰기』는 자신이 직접 작성했던 대통령의 연설문에 관련된 경험에 관해 쓴 책이다. 자신만의 글쓰기 비법을 알려 주었기에 베스트셀러가 되어 지금도 서점에서 쉽게 찾을 수 있는 책이 되었다. 이처럼 일하면서 익힌 자신만의 기술이나 경험을 쓴다면 주제도 쉽게 찾을 수 있고, 글도 어렵지 않게 쓸 수 있다.

2) 자신이 관심 있는 일에 관해 쓰자

모르는 내용에 대해 오랫동안 설명할 수 있는 사람은 많지 않지만, 박사 학위를 가진 전문가는 아닐지라도 직접 배우면서 익힌 내용에 대해서 온종일 이야기할 수 있는 사람은 주변에서 자주 찾아볼 수 있다. 이렇게 자신이 직접 겪은 경험은 좋은 책의 주제가 된다. 서점에서 쉽게 볼 수 있는 재테크 책들이 그 예이다. 유명 증권사의 펀드매니저나 수많은 부동산 거래를 한 고수만이 책을 쓰지 않는다. 주변에 있는 평범한 사람들이 낸 책도 많다. 초보자가 실수하면서 배운 주식 거래나 경매 방법 등을 쓴 책들은 서점에서 자주 보인다. 오히려 이런 책들이 왕초보들의 눈높이에 맞아서 입문자들도 쉽게 읽을 수 있다. 상가나 해외 부동산을 구매하려고 하는 사람은 보지 않겠지만, 이제 막 아파트 거래나 경매를 시작하려고 하는 사람은 이런 책으로 큰 도움을 받을 수 있다.

이외에도 엄마표 육아 방법에 관한 책도 자주 보인다. 오은영 박사처럼 육아 전문가가 아니더라도 내 아이를 기르며 배운 방법에 관해 쓴 책들도 많다. 나 역시 아이들과 관련된 이야기를 엮어서 첫 책을 썼다. 난 공대를 나오고 직장을 다니는 평범한 아저씨이다. 나처럼 보통 아빠의 육아 이야기도 책으로 나올 수 있다.

3) 일상생활에서 느낀 점에 대해 써 보자

책이 특정한 주제가 있어야만 쓸 수 있는 것은 아니다. 우리가 일상생활에서 느낀 사소한 일에 관해서도 책으로 만들 수 있다. 이기주 작가의 『언어의 온도』는 작가가 주변에서 보고 느낀 상황들을 썼다. 수필은 무엇을 가르쳐주거나 정보전달을 위해 쓰지 않는다. 독자들과 소통을 하기 위한 책이다. 이런 책을 쓰기 위해서는 일상생활에서 느낀 점을 독자들도 공감할 수 있도록 적어야 한다.

예를 들어보자. 오늘 아침 카페에서 야외 청소하다 느낀 점이다. 매장 앞에 있는 낙엽을 청소하기 위해 빗자루에 힘을 주어 쓸수록 나뭇잎은 잔디에 붙어서 더더욱 떨어지지 않았다. 힘을 빼고 빗자루로 바람을 일으키면서 살살 쓸수록 나뭇잎이 쉽게 떨어졌다. 여기까지만 쓴다면 독자들은 무슨 말을 하려는지 알 수 없다. 마지막에 일상 속에서 느낀 나만의 경험을 넣으면 좋은 글이 된다.

'아이들에게 큰소리로 잔소리한들 항상 역효과만 났었다. 아들들은 오히려 나를 피하고 방에만 들어가 있었다. 힘을 빼고 낙엽을 쓸 듯이 아이들에게도 부드럽게 이야기한다면, 아이들 마음에 있던 나쁜 감정들도 쉽게 날아가지 않을까?' 라고 내 생각을 추가한다. 이러면 아이들을 기르고 있는 독자들은 나의 이야기에 쉽게 공감할 수 있을 것이다.

노트북 앞에 오래 앉아 있는다고 내가 쓸 책의 주제가 바로 나오지는 않는다. 아무 말만 하면서 양만 채운다고 책이 되지 않는다. 내가 말하고 싶은 주제만 찾는다면 쉽게 책을 쓸 수 있다. 일하면서 배운 내용이나 일상에서 느낀 점에 관해 써도 책 한 권 정도는 낼 수 있다. 오늘 한번 무엇을 쓸지 곰곰이 생각해 보자.

> **따라만 하면 N잡러가 되는 꿀팁 4**
>
> 책을 쓸 주제는 멀리 있지 않다. 쓸거리가 없다고 노트북 앞에 오래 앉아 있지 말고 내가 자주 시간을 보내는 곳에서 주제를 찾아보자.

1-5

직장인만의
글쓰기 비법

 책을 쓸 주제도 찾았다면 출간을 위한 원고만 쓰면 된다. 그렇다고 직장인이 아침부터 카페에 가서 커피 한 잔을 마시며 글을 쓸 수는 없다. 낮에는 열심히 회사에서 일해야 한다. 퇴근 후에 글을 쓰자니 피곤하고, 주말은 이런저런 행사로 바쁘다. 언제 글을 써서 책을 낼 수 있을까? 직장인이 책을 쓰기란 쉽지 않지만, 회사에 다니면서도 책을 낸 나만의 방법을 소개한다.

 첫 번째, 나만의 글쓰기 루틴을 만들어야 한다. 시간 날 때마다 원고를 쓰는 게 아니라, 글 쓸 시간을 정해 놓고 쓰는 거다. 나는 50대의 평범한 아저씨다. 집에 오면 소파에 누워 유튜브 보고 싶고, 술이라도 먹으면 2~3일은 퇴근 후 집에서 푹 쉬어야 체력이 회복된다. 이런 나에게 알아서 출간하라고 하면 평생 안 쓴다. 그래서 시간을 정해 놓고 꾸준하게 쓰고자 노력 중이다.

나의 글 쓰는 시간은 저녁 9시에서 11시와 출근 전 30분이다. 평상시에 집에 오면 8시 정도 된다. 잠시 유튜브를 보다 시간이 되면 풍성한 과자와 함께 노트북 앞에 앉는다. 준비는 다 되었지만 9시가 되자마자 손이 막 움직이지는 않는다. 글 쓰는 시간이라도 정해놔야 딴짓 안 하고 꾸준하게 키보드를 두드리게 된다.

출근 전에도 시간이 될 때마다 저녁에 쓴 글을 30분 정도 수정한다. 전날 밤에 쓴 글을 아침에 읽으면 내 글이 맞나 싶을 때도 있다. 퇴근 후에는 그날 있었던 온갖 부정적인 감정에 휩싸여 글 속에 세상에 대한 불만이 가득 차 있다. 누군가에게 보여 주기에는 손발이 오그라들 정도로 부끄러운 내용이 많기에 한 번은 꼭 고쳐야 한다. 이렇게 글 쓰는 루틴이 있으면 회사 일이 바빠서 잠깐 쉴지는 몰라도 다시 컴퓨터 앞에 앉게 된다.

두 번째, 글쓰기 플랫폼을 활용한다. 글에도 수학처럼 쉽게 쓰기 위한 공식이 있다. 기승전결 없이 하루 있었던 일만 주절주절 쓰는 글은 일기일 뿐이다. 퇴근 후 글의 구성까지 생각하며 쓰기에는 시간도 없고 피곤하다. 이럴 때 자주 쓰는 플랫폼을 사용하면 내가 하고 싶은 말을 효과적으로 전달할 수 있다.

가장 많이 쓰이는 글쓰기 플랫폼은 'PREP'이다. 'Point-Reason-Example-Point' 순으로 쓰면 된다. 처음에 주장하고 싶은 말을 쓰고, 이유를 설명하고, 그에 대한 예시를 들고, 마지막에 다시 한번 내 주장을 요약한다. 내가 쓰고 있는 글들도 대부분 PREP 방식을 사용하고 있다. 이 플랫폼을 사용하면 초보 작가도 어렵지 않게 한 편의 글을 쓸 수 있다.

나는 에세이의 경우 PREP보다는 야마구치 다쿠로의 『템플릿 글쓰기』의 공감형 방식을 선호한다. '마이너스 요인-결정적 계기-진화 및 성장-밝은 미래' 순으로 쓰는 것이다. 자기주장이 명확한 자기 계발서는 PREP을 쓰기 좋지만, 독자와의 소통이 중요한 에세이는 공감형 방식을 사용하면 쉽게 한 편의 글을 쓸 수 있다. 형식에 얽매이지 않고 자유롭게 써도 되지만, 효과적으로 한 편의 글을 만들기 위해서 다양한 플랫폼들을 사용하기를 권한다.

세 번째, 일상생활에서 글감을 꾸준히 찾아야 한다. 시간도 정해 놓고 글 구조도 결정했다고 해서 손가락이 키보드 위에서 바로 움직이지 않는다. 한 편을 쓰기 위한 글감도 찾아야 한다. 노트북을 켜는 순간부터 무엇을 쓸까 고민하지 말고 그 전부터 생각해 왔던 내용을 글에 담아야 한다. 그렇기에 일상생활 속에서 글감을 꾸준하게 모아 놔야 한다.

평상시에도 주변에 관심을 기울인다면 글 쓸 거리를 쉽게 찾을 수 있다. 예전에는 늘 투덜거리며 보고서를 썼었다. 메시지를 어떻게 쓸지 표에 무슨 색을 넣어야 할지 고민만 했었다. 온종일 보고서를 쓰면서도 보고서에 관한 글을 쓸 생각을 한 번도 안 했었다. 그러다 보고서 작성법에 관해 쓰고자 했을 때, 몇 가지의 글감을 바로 찾을 수 있었다. 그동안 투덜거렸던 내용이 글 쓸 거리가 되었다. 메시지 넣는 법, 보기 좋게 도표 배치하는 법, 가독성 높이는 법 등 책에 넣을 내용이 주변에 늘 있었다. 글을 쓸 생각이 없었을 때는 보고서를 빨리 마무리만 하고 싶었기에 이런 내용이 하나도 눈에 들어오지 않았었다.

 네 번째, SNS에 글을 꾸준히 남겨 놓고 피드백을 받아 보자. 아무리 시간을 정해 놓고 글감을 찾았다고 하더라도 혼자서 글을 부지런히 쓰기는 쉽지 않다. 조금 쓰다 막히면 내일 하면 되지, 피곤하면 다음에 해도 된다면서 하루하루 넘어가게 된다. 블로그 등에 글을 올리고 주변 사람들의 피드백을 받으면 꾸준히 쓰게 된다. 조회 수가 많지 않더라도 사람들이 남겨 준 하트 하나에 다시 글 쓸 용기와 재미가 생겨나고는 한다. 이런 피드백이라도 없으면 매일 쓰기 쉽지 않다.

 다섯 번째, 포기하지 말자. 첫 책을 내고 나니 두 번째 책도 금방 쓸 줄 알았다. 글 쓰는 게 재밌었고, 주변에 작가들도 많으니 책을 바로 내려고 했었다. 1~2개월 지나고 나니 글보다는 게임과 동영상이 더 재밌어졌고, 돈도 안 생기는데 하루하루 꾸준히 쓰는 것이 에너지 소비 같았다. 안 쓰다 보니 어느새 내 블로그에 새 글도 안 올라오고 책보다는 다른 일을 하는 시간이 더 많아졌다. 그때 글쓰기를 멈췄다면 지금 이 두 번째 책도 나오지 않았을 것이다. 글을 그만 쓸 생각은 없었다. 이 책을 쓰기 전에도 독서법과 관련하여 초고를 한번 쓴 적도 있었고, 이 책을 위하여 목차만 세 번을 수정했었다. 포기하지 않았기에 이렇게 책을 낼 수 있었다.

책 한 권 나오기까지 오랜 시간과 노력이 필요하다. 그만큼 책이 가지는 가치가 있다. 하루에 한두 시간씩 며칠 써서 책이 나올 수 있다면 작가라는 단어의 무게는 없었을 것이다. 그만큼 책을 내기가 쉽지 않기에 작가가 의미가 있는 것이다. 직장인이라면 회사에서 에너지를 다 쏟고 오기에 자기만의 글쓰기 습관을 더더욱 만들어야 한다. 쓸 시간을 정해 두고, 글감을 미리 찾아 두고 자기만의 플랫폼에 넣어서 쓰면 된다. 포기하지 않고 꾸준히 쓰기만 하면 직장인이라도 자신만의 책을 낼 수 있다.

> **따라만 하면 N잡러가 되는 꿀팁 5**
>
> 퇴근 후 컴퓨터 앞에 앉는다고 글이 바로 써지지 않는다. 자신만의 글쓰기 루틴을 정하고 쉽게 쓰기 위한 자신만의 플랫폼을 연습해 두자.

1-6

작가에서 강사까지

책을 냈기에 인세가 들어온다. 기분은 좋지만 허전하다. 0이 많이 부족하다. 책을 쓰면 추가 수입이 생겨 생활에 여유가 있을 줄 알았다. 나만의 착각이었다. 초보 작가의 인세만으로는 살림살이에 큰 도움이 되지 않는다. 책만으로는 기대했던 만큼의 수익을 만들 수 없음을 출간하고 나서 알았다. 그럼 책으로 어떻게 돈을 벌어야 할까?

우선은 자신의 콘텐츠를 책으로 만들자

수익을 내기 위해 책을 쓰기보다는 자신의 콘텐츠를 팔기 위해 책을 써야 한다. 독자는 글이 적혀 있는 종이 뭉치를 사지 않는다. 책에 담겨 있는 콘텐츠를 구매하는 것이기에, 자신만의 이야기를 책에 넣어야 한다. 여기에서 콘텐츠란 자기가 알고 있는 지식이나 경험이다. 평범하게 살아온 내가 남들에게 팔 지식이 뭐가 있냐고 물어보는 사람이 있을 수 있다. 누구나 자신만의 역사가 있다. 이 과정에서 배운 경험이나 지식을 쓰다 보면 책이 나온다.

지금 이 책의 주제는 직장인이 N잡러가 되는 방법이다. 대단한 기술이나 지식이 필요한 건 아니다. 낮에 회사 다니고, 저녁에 글 쓰고, 주말에 무인카페 깨끗이 청소하면 된다. 누구나 할 수 있는 일이다. 특별한 점이라면 이 과정을 책으로 엮었을 뿐이다. 책을 쓰기 위해 글감을 찾는 방법, 무인카페 입지와 운영 방법에 대한 나만의 경험이 모여서 이 한 권의 책을 쓰기 위한 콘텐츠가 되었다. 직장인 N잡러가 되기를 원하는 독자는 이 내용이 담긴 책을 살 것이다. 그렇기에 자신의 이야기가 담긴 책을 먼저 써야 한다.

콘텐츠는 독자들이 좋아하고 도움이 될 내용이어야 한다. 주식이나 부동산으로 돈을 벌고 싶거나, 부업을 찾거나, 작가만의 이야기를 듣고 싶어 하는 사람들이 있다. 이들에게 들려줄 나만의 콘텐츠를 만들어 책을 쓰면 된다. 박사 학위나 자격증은 필요하지 않다. 독자들에게 도움이 될 수 있도록 쉽게 쓰기만 하면 된다.

두 번째, 콘텐츠를 팔기 위한 브랜딩 작업을 하자

독자들에게 좋아할 나만의 콘텐츠를 담은 책이 나왔다. 홍보하지 않으면 내 책이 나왔는지 누구도 알 수 없다. 저자가 직접 책을 파는 시대이다. SNS를 통해서 자신의 책을 스스로 알려야만 한다. 이를 위해 작가도 브랜딩이 필요하다. 여행 다니고 먹는 사진만 올린 인스타그램에 자신의 책이 나왔다고 홍보해도 살 사람은 없다. 내 책과 관련된 활동을 꾸준히 해서 같은 관심사를 가진 독자층을 많이 만들어 놓는 것이 브랜딩이다.

직장인 N잡러는 알리고 싶은 나의 브랜드이다. SNS에 내가 책을 쓰는 과정, 카페 운영하는 방법에 대하여 꾸준히 알리는 것이 브랜딩이다. 나의 콘텐츠에 관심이 있는 사람이 내 책을 산다. 내가 전달해 왔던 이미지에 맞는 책이 나왔을 때 독자들이 콘텐츠를 구매하기에 평상시 브랜딩 작업은 필요하다.

세 번째, 외부 강의 시작

사람들에게 팔 콘텐츠도 있고, SNS를 통해 나를 꾸준히 알려왔다면 외부 강의를 시작해 보자. 강의 계획서를 만들어서 도서관 등에 제출하면 담당자가 SNS를 통해 작가의 활동을 확인해 본다. 강좌의 기획 의도와 작가의 콘텐츠 방향이 맞는다면 곧 연락이 올 것이다.

첫 강의는 불러만 준다면 어디든 가 보자. 책을 썼다고 말까지 잘해지지는 않는다. 강의자료도 만들어 보고 사람들 앞에서 말하는 훈련도 필요하다. 첫 책이 나왔을 때 주변 단톡방 모임들에 무료 강의를 요청했었다. 1시간 동안 발표할 자료를 만들기가 쉽지 않았다. 책 내용을 독자들이 쉽게 알 수 있게 하고 나의 메시지를 어떻게 효과적으로 전달할지 재구성해야 했다. 강의자료가 있어도 말하기는 어려웠다. 직접 사람들 앞에서 강연해 봐야 무엇이 부족한지 알게 된다. 이런 과정을 통해 나만의 기술이 늘어나고 인지도도 높아지면서 강사를 할 수 있다.

책 한 권 냈다고 강의를 어떻게 하냐고 물어보시는 분들이 있다. 나 역시 똑같이 생각했었다. 이지니 작가의 『무명작가지만 글쓰기로 먹고삽니다』라는 책을 보면 작가가 처음 책을 쓰고 강사가 되어가는 과정이 잘 나와 있다.

주변에서도 첫 책을 발판으로 강의를 시작하시는 분들을 보았다. 자신의 블로그나 인스타그램에 자신의 책을 홍보하면서 작게나마 첫 모임을 시작하였다. 될까 싶었지만 1~2년 꾸준히 자신만의 영역을 만들어 가면서 지금도 강의를 활발히 하고 계신다.

자신만의 콘텐츠를 만들기 쉽지 않기에, 책으로 나의 이야기를 엮을 수 있다면 강사까지도 가능하다. 책으로 돈을 벌기보다는 자기 콘텐츠를 만들고 강사에도 한번 도전해 보자.

> **따라만 하면 N잡러가 되는 꿀팁 6**
> 책으로 돈을 벌기보다는 자신만의 콘텐츠를 만들고 강의도 해 보자.

1-7

출간 작가의 삶

난 개인 책 한 권과 공저 한 권을 냈다. 출간 작가가 되었지만 살아가는 모습이 바뀌지는 않았다. 여전히 회사에 다니고 있고, 저녁이나 주말에 꾸준히 책을 쓰고 있다. 자동차가 바뀌거나 월 외식 숫자가 늘어나지도 않았다. 하지만, 삶이 조금씩 달라지고 있다.

첫 번째, 작가로서 사는 것이 좋아졌다

나는 무명 작가이지만 여전히 책을 쓰고 있다. 누가 알아주지 않아도 책을 내는 이유는 유튜브나 게임과는 다른 글쓰는 재미가 있기 때문이다. 불닭볶음면 같은 맵고 짜릿한 맛이 유튜브라면 글쓰기는 오래 우려낸 곰탕 같은 맛이다. 유튜브나 인스타그램을 보면 한두 시간이 훅 지나가지만, 글

쓰다 보면 어느새 영화 한 편의 시간이 천천히 흘러가 있고는 한다. 내 글이 누군가에게는 도움이 될 거라는 희망, 머릿속에서만 맴돌던 생각을 글로 표현했을 때의 기쁨 등으로 퇴근 후에도 책을 쓰고 있다. 콘텐츠 소비자에서 생산자가 되어간다는 즐거움 때문에 작가로서 사는 것이 좋아졌다.

두 번째, 세컨드 삶에 대한 희망이 생겼다

직장인이라면 언젠가 회사를 그만두어야 한다는 불안을 안고 산다. 이 걱정을 잊어버리고자 책을 읽고 글을 쓰기 시작했다. 나는 집, 회사만 다니는 세상 물정 잘 모르는 평범한 회사원이다. 퇴직 후의 삶을 생각하면 막막하고 두렵기도 하다. 조급함과 팔랑귀로 퇴직 후에 잘 모르는 일을 시작했다 망하는 상상도 해 봤다. 하지만 나는 작가이기에 세컨드 삶으로 글을 쓰면서 할 수 있는 일을 찾고 있다.

눈앞의 현실이 싫지만, 아무것도 시작하지 않았을 땐 온갖 걱정만 많았었다. 책을 쓴다고 미래에 대한 불안이 모두 없어지지는 않았지만, 하고 싶은 것을 하나는 찾았다. 글쓰기로 돈을 벌 수 있는지는 모르겠지만 내가 선택한 일이다. 퇴직 때쯤 급하게 뭔가를 시작하기보다는 지금부터라도 내가 하고 싶은 일을 준비하고 있다. 여전히 불안하긴 하지만 새로운 삶에 대한 희망이 생겼다.

세 번째, 삶에 대한 태도가 바뀌었다

책을 내기 위해 독서를 꾸준히 하다 보니 삶을 긍정적으로 보게 된다. 남을 욕하고 세상을 비난만 하는 책은 서점에서 찾아보기 힘들다. 이보다는 어려운 일들을 극복해 가면서 희망을 주는 책들이 더 많다. 작가는 내가 가진 지식이나 경험이 독자들에게 조금이라도 도움이 되고자 책을 쓴다. 그렇기에 저자는 세상을 부정적으로만 보고 있을 수는 없다. 힘들어도 지금보다 나아질 거라 믿기에 독자들이 세상을 밝게 볼 수 있도록 도와주고자 한다.

이런 마음으로 책을 쓰다 보면 내 행동이나 말도 당연히 긍정적으로 바뀌게 된다. 독자들이 모두 좋은 일만 가득하기를 바라기에 내 삶에 대한 태도가 스스로 좋아지게 된다. 그렇기에 지금도 책을 읽고 꾸준히 글을 쓰고 있다.

네 번째, 아웃풋을 만들어 내는 힘이 생겼다

독서와 글쓰기라는 인풋을 통해 책이라는 아웃풋이 나온다. 단순히 책 많이 읽고 키보드 열심히 두드린다고 책이 나오지 않는다. 남에게 도움이 될 수 있는 주제를 선정하고 잘 전달될 수 있도록 목차를 짜고, 일관된 방향성을 가지고 책을 완성해야 한다. 하루이틀 고민한다고 되지 않는다. 오랜 시간과 꾸준한 노력을 해야만 한 권의 책이 나온다. 마라톤 완주처럼 책도 혼자서 긴 시간을 거쳐야만 나온다. 내 책이 출간되었을 때의 기쁨이란 다른 일과 비교할 수 없을 정도로 크다. 다른 힘든 일도 다 할 수 있을 듯한 자신감도 생긴다. 보통의 직장인이 이런 만족감을 평상시 얼마나 느끼고 살겠는가. 책 한 권은 작가에게 300쪽의 종이 뭉치가 아닌 꾸준한 노력의 결과물이기에 부지런히 책을 쓰면서 나만의 아웃풋을 만들어 가고 있다.

마지막으로, 독서를 꾸준히 할 이유가 생긴다

봐야 할 콘텐츠가 넘쳐나는 시기이다. 유튜브, 인스타그램, 넷플릭스, 쿠팡 등 온종일 봐도 시간이 모자랄 정도로 수많은 콘텐츠가 매일 쏟아져 나온다. 이런 시기에 책을 읽는다는 것이 쉽지 않지만, 독서를 꾸준히 하면 알 수 있는 책만의 재미와 효용성이 있다. 나는 책을 쓰기 위해서도 독서를 해야만 한다. 책을 읽어야만 하는 이유가 생겼고, 평생을 함께할 취미가 하나 생겼다.

책을 썼다고 회사를 그만두거나, 차가 바뀌지는 않았다. 아침에 졸린 눈을 비비면서 출근하는 것도 달라지지 않았다. 하지만 책을 쓰기 전과 후의 내 삶은 조금씩 바뀌고 있다. 세상을 더 밝게 보게 되었고, 앞으로 가야 할 희망과 독서라는 좋은 취미도 생겼다. 로또 맞은 것처럼 커다란 변화가 생긴다고 말할 수는 없지만, 독자들의 삶도 조금씩 바뀔 것이기에 여러분들도 책을 썼으면 좋겠다.

> **따라만 하면 N잡러가 되는 꿀팁 7**
>
> 책을 쓰면서 삶의 태도가 바뀌고 아웃풋을 만들어 내는 힘이 생긴다. 새로운 도전이 필요하다면 책을 한 번이라도 내보자. 달라진 자신의 모습에 놀랄 수 있다.

제 2 장

전자책 작가도 작가다

2-1

종이책과 전자책은 다르다

종이로 책을 내도, 디지털 파일로 출간해도 작가는 작가이다. 독자가 원하는 대로 책을 내면 된다. 종이책과 전자책 중 무엇을 쓸지 고민하기 전에 둘의 차이점을 알아보자.

1) 출판 방법이 다르다

종이책은 출판사를 통해서 책을 낸다. 종이책을 내기 위해서는 원고 외에 책 디자인, 종이 종류 선택, 책 제본 및 인쇄까지 여러 일이 필요하다. 작가 혼자서 모든 것을 다 할 수 없기에 출판사의 도움이 필요하다. 반면, 전자책은 출판사 없이도 책을 낼 수 있다. 작가 혼자서 책을 쓰고 표지 디자인까지 완료한 파일을 크몽이나 유페이퍼와 같은 전자책 판매 사이트에 등록만 하면 된다. 전자책은 종이책보다 책을 내기가 쉽다.

2) 글 쓰는 양이 다르다

종이책을 내기 위해서는 글자 크기 10pt에 여백도 좁게 해서 A4로 약 100페이지 정도가 필요하다. 한두 달 도서관에서 산다고 쉽게 쓸 수 있는 양이 아니다. 한 권을 쓰기 위해서는 오랜 시간과 노력이 필요하다. 전자책은 글의 양이 정해져 있지 않지만, A4로 약 40~50장 정도를 쓴다. 종이책의 반 정도라고 생각되겠지만 글자 수는 종이책보다 훨씬 적다. 전자책은 핸드폰이나 태블릿에서 쉽게 볼 수 있도록 글자 크기도 크고 좌우 여백도 넉넉해야 한다. 전자책은 글 양에 대한 부담이 많지 않기에 원고를 쓰고 표지까지 완성하는데 한 달 정도면 충분하다.

3) 글을 쓰는 주제가 다르다

종이책은 다양한 주제로 출간할 수 있다. 소설, 수필, 자기계발서 등 작가가 원하는 어떤 주제로든 책을 쓰면 된다. 전자책도 주제에 제한은 없지만, 실생활에 쉽게 적용 가능한 방법에 관한 내용을 주로 쓴다.

종이책은 주제에 맞는 다양한 고객이 존재하지만, 전자책을 구매하는 독자는 주로 자신이 필요로 하는 기술을 빠르게 습득하기 위해 구매한다. 전자책은 재테크나 회사 업무, 취업 등 생활에 바로 사용해서 결과를 얻을 수 있는 내용에 관해 쓰는 것이 좋다.

4) 독서 방법과 휴대성에 차이가 있다

종이책은 종이에 인쇄된 책을 보지만, 전자책은 핸드폰이나 노트북 등 전자기기를 통해서 본다. 종이책과 달리 전자책은 어두운 곳이나 지하철 등 어디서든 쉽게 읽을 수 있는 장점이 있다. 종이책은 평상시 한두 권 정도만 가지고 다닐 수 있고, 여행 갈 때는 많은 책을 들고 갈 수 없다. 전자책은 전자기기에 저장해서 몇백 권이라도 마음껏 볼 수 있기에 휴대성에 제한이 없다.

5) 책을 읽는 방법이 다르다

종이책은 종이 위에 밑줄을 긋거나, 나중에 쉽게 찾아보기 위해 중요한 페이지를 접을 수 있고, 페이지의 여백에 자기만의 생각을 적을 수 있다. 책을 통해 작가와도 대화가 가능한 능동적인 독서가 가능하다. 반면 전자책은 원하는 구절에 밑줄을 긋거나 좌우 여백에 자신만의 생각을 적을 수 없기에 수동적인 독서를 한다. 전자책은 찾기 기능을 활용하여 보고 싶은 페이지에 쉽게 갈 수 있어 종이책보다는 원하는 내용을 바로 볼 수 있다는 장점이 있다.

6) 보존 방법이 다르다

종이책은 책을 오래 보관하기가 쉽지 않다. 책을 둘 공간도 필요하고, 책이 오래되면 종이 색이 변하기에 보관에도 신경을 써야 한다. 반면 전자책은 데이터 저장공간만큼 원하는 양의 책을 오래 보관할 수 있다. 집에 책 둘 공간이 없어서 종이책을 꾸준히 버려야 하는 독서가들에게는 전자책만의 장점이 있다.

7) 감성의 차이가 있다

종이책은 종이의 질감과 인쇄 냄새, 페이지를 넘기는 소리 등 감성적인 부분이 있다. 카페에서 음악을 들으면서 향긋한 커피와 함께 한 장씩 책을 넘기는 즐거움이 있다. 전자책에서는 이 감성을 느낄 수 없기에 종이책만을 원하는 사람도 있다.

나는 종이책으로 공저 한 권과 개인 책을 냈다. 전자책은 세 권을 판매 중이다. 종이책이 없어질 거라는 말도 많지만, 종이책만이 가지는 강점은 있다. 디지털 기기의 보편화에 따른 전자책만의 장점도 있다. 어느 한 형태로만 책을 낼 필요는 없다. 작가와 독자의 필요에 맞춰 쓰면 된다.

종이책은 퍼스널 브랜딩을 원하는 1인 사업가나 독자와의 소통을 원하는 사람에게 추천한다. 전자책은 자신의 판매 채널로 고객을 모아야 하는 사업가나 개인만의 비법을 판매하고자 하는 직장인들이 쓰면 효율적이다.

평범한 직장인인 나는 퇴직 후의 세컨드 라이프와 경력 확대를 위하여 종이책을 쓰고 있다. 직장을 다니기에 종이책으로 강의를 하거나 사업을 시작할 수는 없겠지만, 꾸준히 쓰면서 나만의 길을 만들고 있다. 전자책은 작가라는 경력보다는 추가 수입원을 늘리기 위하여 쓰고 있다. 유튜브에서 말하는 만큼의 큰 수익이 아직은 나지 않는다. 첫술에 배부를 수는 없기에 쉬지 않고 한 권씩 늘려가고 있다.

직장인 N잡러라면 종이책이나 전자책을 다 쓰기가 쉽지 않다. 자신만이 가지고 있는 기술을 전자책으로 만들어서 시장 반응도를 보고, 종이책으로 확대하여 보는 것도 좋은 방법이다. 독자들의 상황에 맞춰 원하는 책을 썼으면 한다.

> **따라만 하면 N잡러가 되는 꿀팁 1**
> 시간이 부족한 직장인이라면 종이책보다 출간이 쉬운 전자책을 먼저 써 보자.

2-2

전자책은 전자책답게

전자책은 핸드폰이나 태블릿으로 보기에 종이책과 같은 형식이면 읽기가 어렵다. 전자책은 온라인으로만 홍보하기에 종이책과 판매 방식도 다르다. 종이책과 차별화된 전자책을 쓰기 위한 사항들을 아래와 같이 정리하였다. 전자책 쓸 때 참고하기를 바란다.

전자책 주제: 전자책은 주로 독자들이 쉽고 빠르게 정보를 얻기 위하여 구매한다. 실생활에서 바로 쓸 수 있는 정보나 저자만이 가지고 있는 노하우에 대해서 쓰도록 하자.

책 표지 만들기: 종이책은 출판사에서 표지, 속지 등을 디자인하여 준다. 전자책은 작가 혼자 모든 것을 만들어야 한다. 크몽과 같은 사이트에서 전자책 표지를 전문가에 요청하

여 제작할 수는 있지만, 얼마나 팔릴지 모르는 책 표지를 돈까지 주면서 만들기에는 부담이 크다. 미리캔버스나 캔바에서 전자책 표지 플랫폼을 제공하기에 이제는 누구나 쉽게 만들 수 있다. 파워포인트를 조금이라도 사용해 봤던 독자들이라면 어렵지 않게 출판사 도움 없이 자신만의 표지를 만들 수 있다.

제목: 제목 역시 작가가 직접 만들어야 한다. 전자책 판매 사이트에서 독자들에게 쉽게 주목받기 위해서는 제목이 강렬해야 한다. 표지에도 책 이름이 독자들 눈에 바로 보일 수 있게 크게 써야 한다. 핸드폰으로 책을 검색하기에 종이책과 같은 크기면 잘 보이지 않는다. 초등학생들도 내용을 바로 알 수 있는 쉬운 이름으로 할아버지 할머니들도 볼 수 있게 크게 쓰도록 하자.

가독성: 전자책은 주로 핸드폰으로 읽기에 가독성이 좋아야 한다. 종이책에서 쓰는 폰트와 줄 간격으로는 핸드폰에서 읽기 어렵다. 전자책은 폰트도 15pt 이상으로 크게 쓰고, 행간도 넓게 써야 한다. 줄 바꿈도 자주 해서 독자들이 쉽게 읽

을 수 있도록 가독성을 높여야 잘 읽히는 전자책이 된다.

상세페이지 만드는 법: 크몽과 같은 플랫폼에 전자책을 판매하려면 상세페이지를 만들어야 한다. 구매자가 쉽게 이해할 수 있도록 제품을 자세하게 설명해 놓은 부분이 상세페이지이다. 독자들이 책 내용을 바로 알 수 있도록 만들어야 구매 전환율이 높아진다. 오프라인 매장에서야 책을 직접 보고 살 수도 있지만, 온라인에서는 제목, 상세페이지, 리뷰를 보고 구매하기에 상세페이지는 책 홍보에 아주 중요하다.

미리캔버스나 캔바에 상세페이지 플랫폼도 있기에 누구나 쉽게 만들 수 있지만, 많이 팔리기 위해서는 상세페이지에도 스토리가 필요하다. 전자책은 작가의 경험이나 기술을 파는 것이기에 이 책을 읽으면 같은 어려움을 극복할 수 있다는 내용을 담아야 한다. 아래는 상세페이지 작성을 위한 팁이다.

- 전자책 쓰기가 어려우신가요?: 독자의 고민이나 어려움을 쓴다.
- 세 권의 전자책을 쓴 작가가 알려 드립니다: 판매 소구점을 알려주어 독자의 관심을 끈다.

- 전자책 출간을 위한 저만의 비법을 소개합니다: 책을 쓴 목적이나 독자의 공감을 불러일으킬 내용을 쓴다.
- 이 책은 5개의 내용으로 구성됩니다: 책의 중요한 내용을 짧게 가르쳐 준다.
- 이 책을 구매하시면 한 달 만에 전자책 출간이 가능합니다: 구매 시의 기대효과를 보여 준다.
- 다른 독자들도 인증한 내용입니다: 신뢰도를 높이기 위한 고객 리뷰를 추가한다.

위와 같은 내용으로 작성한다면 독자들이 책을 구매하는 데 큰 도움이 될 것이다.

판매 사이트: 가장 큰 전자책 판매 사이트는 크몽이다. 크몽에서 전자책을 찾아보면 모두 실용적인 내용으로 다양한 정보와 기술을 판매하고 있다. 유페이퍼에서도 전자책 판매가 가능하다. 유페이퍼에 전자책을 등록하면 교보문고, 밀리의 서재 등 다른 곳에서도 노출되기에 내 책이 판매될 확률이 높아진다. 에세이 외에도 다양한 장르의 전자책도 있기에, 정보 전달 외에 자신이 쓰고 싶은 내용이 있다면 등록해

보기를 권한다.

  전자책은 책을 보는 환경과 목적이 종이책과는 다르다. 독자들도 쉽게 읽기 위해서는 전자책답게 써야 한다. 전자책은 온라인에서만 살 수 있기에 독자들의 시선을 잡아끌 수 있는 강렬한 제목과 표지 디자인은 필수이다. 책보다는 상품에 가깝기에 서평보다는 구매 리뷰가 중요하다. 전자책 독자들을 위해 주제는 실용적으로 써야 하고, 핸드폰에서 쉽게 읽을 수 있도록 가독성을 높인다면 잘 팔리는 전자책이 될 수 있다. 크몽이나 유페이페에서 판매 상위에 올라와 있는 전자책을 한두 권 사보면 어떻게 써야 할지 알 수 있을 것이다. 전자책은 전자책답게 작성해 보자.

> **따라만 하면 N잡러가 되는 꿀팁 2**
>
> 크몽이나 유페이퍼에서 판매 순위 상위에 올라와 있는 전자책을 먼저 읽어 보자. 잘 팔리는 전자책이 무엇인지 쉽게 알 수 있다.

2-3

전자책이라는
콘텐츠의 장단점

 앞에서는 전자책과 종이책의 차이점에 관해 설명하였다. 전자책이 출간하기 쉽기에 회사를 다니고 있는 나도 벌써 세 권을 썼고, 추가로 또 낼 예정이다. 전자책 장단점에 대해 독자이자 작가의 관점에서 아래와 같이 정리해 보았다.

장점 1: 주제를 쉽게 찾을 수 있다

 사람들은 전자책을 자신에게 필요한 기술을 빠르게 습득하기 위해 산다. 그렇기에 자신만의 비법이 있다면 전자책 주제를 쉽게 찾을 수 있다. 전자책 판매 사이트에서 잘 팔리는 전자책 제목만 봐도 무엇을 써야 하는지 쉽게 알 수 있다. 자신만의 주식 매매 기술, 남들에게 알려 줄 수 있는 외국어 공부 방법이나 파워포인트 등 업무에 바로 사용할 수 있는 팁들을 가지고 있다면 전자책을 수월하게 쓸 수 있다. 나 같은 경우는 회사에서 쓰는 보고서 작성 방법을 정리해서 전자책을 발행했다. 회사에서 실제 일하면서 익힌 기술이기에 주제에 대한 고민 없이 업무에 바로 사용할 수 있는 방법들을 정리해서 출간했다.

하루 대부분을 회사에서 보내기에 직장 생활에 필요한 예절이나 처세술 등을 쓸 수도 있고, 선임자가 본 MZ세대와 일하는 방법을 정리할 계획도 있다. 종이책도 낸 작가로서 전자책을 쉽게 쓰는 방법에 관해서도 쓸 수 있다. 이처럼 나만의 노하우를 책으로 정리할 수 있다면 전자책 주제는 어렵지 않게 찾을 수 있다.

장점 2: 쓰기가 쉽다

종이책을 내라고 하면 누구나 힘들다고 할 것이다. 막상 써 보니 종이책이 어렵긴 하다. 책을 써도 출판사와 의견이 달라 책을 못 낼 수도 있고, 수없이 많은 퇴고를 거쳐야 하는 등 오랜 시간과 노력이 필요하다. 그러나 전자책은 주제만 있다면 바로 쓸 수 있다. 나만의 방법을 쓰기에 누구의 간섭을 받을 필요도 없다. 내가 가능한 일정에 내가 정한 내용을 나만의 방식으로 작성하면 된다. 그만큼 쉽게 쓸 수 있다는 장점이 있다.

장점 3: 수익률이 높다

종이책은 기획출판의 경우 많아야 10% 정도의 인세를 받는다. 그것도 출판이 되었을 경우이다. 전자책은 사이트에 등록만 하면 되기에 수수료 30% 정도만 제외하면 모두 내 수익이 된다.

전자책이 장점만 있는 것이 아니다. 단점도 있다.

단점 1: 홍보가 어렵다

종이책은 서평 이벤트나 오프라인 사인회 등 다양한 홍보 방법이 있다. 전자책은 실물이 없기에 작가의 SNS를 통해서만 팔아야 한다. 그만큼 저자의 홍보 능력이 중요하다. 나같이 팬이 없는 평범한 직장인이라면 전자책만을 통해서 큰 수익을 내기가 쉽지 않다.

단점 2: 좋은 전자책 찾기가 쉽지 않다

쓰기 쉽기에 책이라고 보기 어려운 전자책도 많다. 대학교 리포트처럼 인터넷에서 긁은 내용을 짜깁기한 전자책을 구매한 적도 있었다. 종이책은 오프라인 매장에서 직접 보고, 다양한 서평을 보면서 책이 어떤지 미리 알 수 있다. 종이책은 출판사를 거쳤기에 어느 정도 믿고 볼 수 있지만, 전자책은 상세페이지나 미리 보기 몇 장 정도로는 책 내용이 충실한지를 알기가 쉽지 않다. 리뷰에만 의존하여 책을 구매할 수밖에 없다는 단점이 있다.

단점 3: 퍼스널 브랜딩의 한계가 있다

종이책을 쓰면 강사로서의 신뢰도와 전문성이 높아지기에 퍼스널 브랜딩에 도움이 된다. 이를 활용하여 강의나 홍보 등 다양한 활동이 가능하다. 전자책을 써도 작가라고는 하지만 종이책 작가와 비교하면 무게감이 떨어진다. 퍼스널 브랜딩에 활용하기는 어렵기에 전자책은 주로 개인 채널 홍보용으로 많이 사용되고 있다. 채널을 구독하면 전자책을 무료로 주는 방식으로 고객을 모으기에는 효과적이지만, 전자책을 많이 썼다고 강사로서의 신뢰도가 무조건 높아진다고 말하기 쉽지 않다.

종이책도 전자책도 출간해 본 나는 두 개를 필요에 따라 나눠 쓰고 있다. 종이책은 세컨드 라이프로서 내 경력을 높이기 위해 쓴다. 책을 쓴다는 것은 단순히 글자의 나열이 아니다. 나만의 전문 지식을 쌓기 위해 많은 시간과 노력을 들여야 하고, 그 결과물로 한 권의 책이 나오게 된다. 이 과정을 통해 한 분야의 전문가가 되고자 힘쓰는 중이다. 반면 전자책은 내가 가진 지식이 남들에게도 도움이 되었으면 하는 기대와 소소한 인세를 위해서 쓴다.

종이책과 전자책은 책을 물리적인 종이로 보느냐 전자기기로 보느냐의 단순한 차이만 있는 것이 아니다. 전자책은 필요한 지식만 빠르게 습득하기를 원하는 독자들에게 큰 도움이 된다. 나도 회사 업무나 카페 운영에 바로 사용 가능한 지식을 얻기 위해 전자책을 산다. 그러나 전자책이 마음을 위로해 주지는 않는다. 삶에 지칠 때는 오프라인 매장에서 마음이 편안해지는 책을 찾아서 사고는 한다. 이처럼 전자책의 장단점을 정확히 알고 자신의 필요에 맞춰 썼으면 한다.

> **따라만 하면 N잡러가 되는 꿀팁 3**
>
> 실생활이나 업무에 바로 적용 가능한 주제가 전자책 판매에 도움이 된다.

2-4

전자책 세 권 쓰고
알게 된 점들

지금까지 『아무도 안 알려주는 무인카페 운영팁 10가지』, 『팀장에게 칭찬 받고 1시간 일찍 퇴근하는 보고서 작성법』, 『한 권으로 끝내는 무인카페 창업과 운영방법』세 권의 전자책을 썼다. 이 정도로 전자책을 쓰고 끝낼 생각은 없다. 나만의 기술이 쌓이는 대로 계속 출간할 계획이다. 전자책을 쓰면서 느낀 점을 공유하니 전자책을 쓸 독자라면 참고하기를 바란다.

1) 나만의 홍보 채널이 필요하다

전자책은 온라인 사이트에 등록만 하면 바로 판매할 수 있다. 내 책은 내가 홍보해야만 한다는 말이다. 누구도 내 책을 대신 팔아 주지 않는다. SNS에 많은 팬을 보유한 인플루

언서들은 전자책 홍보가 쉽다. 작가에 대한 신뢰도가 높기에 판매도 어렵지 않게 할 수 있다. SNS도 제대로 안 하는 나 같은 평범한 직장인에게는 전자책을 홍보할 방법이 많지 않다. 종이책도 그렇지만 작가를 보고 책을 구매하는 시대이다. 나를 제대로 알릴 수 있고 구독자들과 다양하게 교류할 수 있는 나만의 판매 채널이 필요하다.

전자책을 처음 써서 등록했을 때 막막했었다. 산봉우리 위에 혼자 올라 내 책을 사달라고 소리치는 느낌이었다. 비슷한 관심이 있는 사람들에게 책 내용을 말해 줘야 하는데, 독자들에게 접근할 방법이 없었다. 무인카페에 관심 있는 예비 창업자와 소통할 수 있는 채널이 필요함을 책을 쓴 후에 알게 되었다.

2) 많이 써야 한다

나만의 판매 채널이 약하기에 많이 쓰고자 한다. 전자책을 등록하면 조금씩이라도 팔리긴 한다. 홍보 활동을 안 했는데도 팔리니 노력 대비 수익성이 나쁘지 않다. 그렇기에 독자들이 관심을 가질만한 주제에 대해 많이 쓰고자 한다. 업무에 실제로 사용 중인 엑셀, 파워포인트 기술을 쓸 수 있고, 회사에서 필요한 기본적인 예절에 관해 쓸 수도 있다. 사춘기를 지나고 있는 아이들과의 대화 방법 등 쓸 주제는 다양하다. 종이책이라면 목차부터 시작해서 퇴고까지 오랜 시간을 들여야 하지만, 전자책은 핵심 내용만 간결하게 쓰면 되기에 양에 대한 부담도 없다. 이렇게 계속 쓰다 보면 독자들도 점차 늘어날 수 있기에 전자책을 많이 내고자 한다.

실제로 전자책을 꾸준하게 많이 출간하는 작가들이 있다. 여행으로 한 달 살기를 하면서 그 지역의 장단점과 유용한 정보들을 쓰거나, 1인 기업가로서 준비할 내용을 정리해서 책을 내기도 한다. 자신의 생활을 쓰기에 시간도 오래 걸리지 않고, 다른 전자책들과 차별화도 가능하다. 많이 쓰면 쉽게 쓰는 법이다. 지금은 회사 생활도 하고 무인카페도 하기에 전자책을 생각만큼 많이 못 쓰지만, 평상시에 주제만 잘 정리한다면 1~2주 만에 쓸 수도 있다.

3) 글쓰기 외 다른 능력도 필요하다

전자책은 제목, 표지, 책 구성 등 모든 것을 나 혼자 해야 한다. 제목은 독자에게 쉽게 어필할 수 있도록 쉽고 명확하게 써야 한다. 종이책 제목은 출판사에서 여러 의견을 주지만, 전자책 제목은 오롯이 나 혼자 고민하고 결정해야 한다. 제목은 독자의 관심을 끌 첫 문장이기에 매우 중요하다. 판매 상위에 있는 책들을 참조하여 어떻게 쓸지에 많은 시간을 투자해야 한다.

표지 디자인도 고민해야 한다. 미리캔버스의 플랫폼을 사용한 비슷한 표지의 전자책들이 판매 사이트에서 종종 보이기도 한다. 남들과의 차별화를 위해 나만의 디자인 감각이 필요하고, 책 구성 능력도 키워야 한다. 독자에게 쉽게 내용을 전달할 수 있는 스토리 작성, 가독성 높은 글쓰기 등등 다양한 기술이 필요하다.

처음 전자책을 쓸 때 제목 작성과 표지 디자인에 많은 시간이 걸렸다. 글씨만 크게 쓰면 될 줄 알았지만, 표지나 제목이 마음에 들지 않았다. 평범한 직장인이 책 제목을 직접 만들고 색을 맞춰가며 표지를 만들 일이 언제 있었겠는가. 미리캔버스의 플랫폼을 활용하고 다른 책들을 참조하면서 드디어 첫 책을 낼 수 있었다. 두 번째 전자책은 가독성을 더 높이고자 노력했고, 세 번째 전자책은 무인카페 예비 창업가들에게 많은 정보를 주고자 내용을 충실하게 하는데 많은 시간을 들였다. 종이책이라면 글쓰기 외의 이런 기술들을 익힐 필요까지는 없다. 전자책은 내 시간에 맞춰 나만의 개성을 담아 쓸 수 있다. 쓸 내용은 여전히 있기에 필요한 기술을 연습하면서 더 나은 전자책을 쓰고자 계획 중이다.

전자책 관련 동영상을 보면 한 권으로 몇백만 원을 번다는 내용도 있다. 대부분 자신만의 판매 채널과 고정 팬을 가진 작가들이다. 자신의 영향력으로 책을 팔 수 있는 것도 대단한 능력이다. 평범한 직장인이 쉽게 따라 할 수 없기에, 나는 시간을 두고서 차근차근 수익을 넓혀가고 있다. 성실한 직장인인 나는 나만의 방식이 있다. 퇴근 후와 주말을 활용해서 꾸준하게 많이 쓰면 된다. 안정적인 월급이 나오는 직장인의 장점이기도 하다. 회사를 꾸준히 다니고 있다면 유튜브 시청 조금만 줄이고 전자책을 한 권 써 보기를 바란다. 한 권이 두 권 되면서 또 다른 수익원을 만들 수 있을 것이다.

> **따라만 하면 N잡러가 되는 꿀팁 4**
>
> 전자책은 홍보하기가 쉽지 않다. 판매를 늘리기 위해 블로그나 카카오톡 오픈 채팅방에 자신만의 판매 채널을 만들어 보자.

제 3 장

나도 무인카페
사장님이다

> 3-1

직장인이 오프라인 창업 시 주의 사항

평범한 직장인인 나는 주식과 부동산만이 월급 외에 돈을 버는 유일한 방법인 줄 알았다. 주식 매매는 투자한 돈을 다 날릴 것 같아 시작하기가 무서웠다. 안전하다는 배당주로 원하는 현금 흐름을 만들려면 몇억이 필요했다. 매월 ETF나 펀드를 꾸준히 사 모으면 10년 뒤에 안정적인 현금도 나오면서 자산도 늘어난다고 하지만, 나는 지금 당장 쓸 돈이 필요하다. 10년 전에도 적립식 펀드를 꾸준히 붓고자 하였으나 아이들 학원비 때문에 몇 년 동안 모았던 펀드를 해지하고는 했다. 무인카페로 투자 외에 추가 현금 흐름을 만들 수 있을 듯해서 지인들의 도움으로 내 매장을 열었다. 회사 오래 다니는 것 외에 돈을 벌 줄 몰랐던 내가 자영업을 시작하게 되었다.

맨땅에 헤딩하듯이 시작한 무인카페였다. 지금은 안정적인 현금 흐름이 생겨서 다행이지만, 망했으면 단순히 투자금만 날리는 게 아니었다. 적자가 나면 부족한 돈을 메꾸기 위해 배달 라이더라도 해야만 했었을 거다. 사업이 망하면 주식 투자처럼 원금만 날린다고 생각했었으니 세상 물정 모르고 살았다. 그렇기에 직장인이 오프라인 창업을 처음 한다면 아래 사항들을 고려해 보기를 바란다.

1) 투자는 작게 시작하자

현금 몇천만 원을 통장에 넣어 두고 사는 직장인은 많지 않다. 처음에는 대부분 대출을 받아서 사업을 시작하지만 100% 성공이 보장되는 아이템이 있을 리 없다. 계획대로 안 되었을 경우 평범한 직장인은 부족한 돈을 메꿀 방법이 많지 않다. 퇴근 후 대리운전이나 주말에 배달 라이더를 하면서 회사를 안정적으로 다닐 수는 없다. 그렇기에 사업은 작게 시작하자. 사업이 잘 안되었을 경우 주식처럼 원금만 날리지 않는다. 적자 외에도 매장 유지 방법에 대한 고민, 손님들의 불만 대응, 재고 관리 등 정신적으로 부담되는 일들이 생기면 회사 생활도 함께 힘들어진다. 월급을 안정적으로 유지하기 위해서라도 사업은 작게 시작하기를 추천한다. 모든 일이 내 계획대로 이루어지지 않는다는 것을 명심하자.

2) 리스크 대비를 위한 플랜 B도 계획하자

나는 사업만 시작하면 잘될 거라는 희망 속에서 성공한 모습만 생각하고는 했다. 모든 일이 내 마음대로 되지는 않았다. 직장인은 시간과 공간의 제약 때문에 사업하다 생기는 문제를 바로 해결 못 할 수도 있다. 계획대로 안 되었을 경우를 고려하여 미리 대응 방법을 만들어 두면 회사에 있더라도 차분하게 문제를 처리할 수 있다. 회사에서도 컨틴전시 플랜을 만드느라 야근도 했는데, 내 사업에 관한 플랜 B 정도는 준비해 두자.

3) 조급해하지 말자

무인카페를 하려고 마음먹었을 때 좋은 자리는 바로 없어질 것 같고, 당장 시작 안 하면 다시는 못 할 것 같은 불안감이 밀려왔다. 이런 감정에 휩싸이면 중요 사항들을 사전에 확인하지 못한 채 무리하게 시작할 수도 있다. 직장인은 월급이라는 안전망이 있기에 조급하게 선택할 필요는 없다. 타이밍도 중요하지만, 초조함 때문에 미리 알아야 할 사항들을 놓치는 실수는 하지 말자.

4) 사업에 조언해 줄 사람을 찾아보자

자영업을 해 보니 내가 모르는 게 너무 많았다. 부동산 계약부터, 세금, 인테리어까지 모든 걸 알아서 진행해야 했다. 회사는 일하다 모르면 관련 부서에 물어보면 되지만, 자영업은 모든 걸 혼자 결정해야 한다. 회사에서 주는 커피만 마시던 내가 고객들이 좋아할 커피 맛을 찾아야 했고, 회사에서 하라는 대로 연말정산만 하던 내가 아내와 함께 부가가치세, 종합소득세를 내야만 한다. 한번 해 보면 누구나 할 수 있는 일이지만 회사에 다니면서 모르는 일들을 하나하나 물어보며 하기는 쉽지 않다. 다행히 무인카페를 하는 친구들에게 궁금한 사항들을 물어보면서 쉽게 시작할 수 있었다. 운이 좋았다. 회사 밖 일도 시간만 많다면 다 할 수 있었겠지만,

직장인은 시간이 부족하다. 그렇기에 궁금한 사항들을 물어볼 사람을 미리 찾아 두는 것이 중요하다.

5) 이미 해 본 사람 말을 믿자

새로운 일에 도전한다고 하면 대부분 하지 말라고 말리는 경우가 많다. 회사만 잘 다니면 되지 자영업은 왜 시작하냐면서 가만히 있으라고 말하는 사람들이 종종 있다. 유튜브나 다른 곳에서 들은 말을 자기가 다 해 본 것처럼 줄줄 말하면서 훈수를 두는 사람도 있다. 그런 말을 들으면 누구나 마음이 불안해진다. 그 일을 안 해 본 사람들이 하는 말에 흔들릴 필요 없다. 그 사업을 하는 사람들의 말을 직접 듣고 선택하자. 해 보지 않으면 알 수 없는 것들도 있기에 그 업종에 몸담은 점주들 말을 먼저 들어보고 시작할지 말지를 결정하자.

종이책이나 전자책은 물질적인 리스크가 적다. 책이 안 팔리더라도 내 시간과 노력만이 날아갈 뿐이다. 무인카페와 같은 오프라인 사업은 잘 안되면 가족을 위해 써야 할 내 월급을 쏟아부어야 할 위험도 있다. 회사 나오기 전 다양한 경험을 하는 것도 좋지만, 일부러 힘든 길을 갈 필요는 없다.

성실함만이 장점인 평범한 직장인인 나도 낮에는 회사에서 일하고, 저녁에는 글을 쓰며 주말에는 무인카페를 운영한다. 독자들도 할 수 있는 일이다. 직장인이기에 무조건 크게 시작하지 말고 사전에 충분한 정보를 얻은 다음 시작해 보기를 권한다.

> **따라만 하면 N잡러가 되는 꿀팁 1**
>
> 무인카페가 유행한다고 내 매장도 잘 된다는 보장은 없다. 직장인이 창업에 도전한다면 리스크를 줄이기 위해 작게 시작해 보자.

3-2

성공하는
무인카페 입지 고르기

무인카페는 입지가 성공 요인의 95%라고 말해도 무리는 아니다. 무인카페를 하기로 했다면 좋은 매장 위치를 찾는데 많은 시간을 쏟아야 한다. 아래는 유튜브 등에서 많이 나오는 무인카페 성공 입지인데 왜 중요한지 설명해 보겠다.

1) 아파트 단지 1,000세대 이상

무인카페는 동네 장사이다. SNS에서 유명한 카페처럼 사람들이 차를 타고 무인카페를 방문해서 인증사진을 찍지 않는다. 앱을 통해 다른 동네까지 배달하면서 매출을 늘릴 수도 없다. 안정적인 판매를 유지하기 위해서는 내 매장을 꾸준히 방문할 수 있는 단골손님을 만들어야 한다. 고객들을 쉽게 확보할 수 있는 1,000세대 이상의 아파트 단지가 무인카페를 창업하기 좋은 장소이다. 아파트가 아니어도 단골을 충분히 확보할 수 있다면 어디든 좋지만, 1,000세대 이상의 대단지가 손님들을 쉽게 모을 수 있다.

2) 대로 앞 아파트 상가 1층

무인카페는 스타벅스와 같은 유명 카페처럼 브랜드 충성도가 높지 않고 가격할인 등의 다양한 판촉 활동이 어렵다. 홍보 활동이 제한적이기에 고객들의 눈에 쉽게 띌 수 있는 큰길 앞 아파트 상가 1층에 매장이 있어야 한다. 내가 잘 모르는 카페에 가려고 일부러 길을 돌아가는 사람은 많지 않다. 주민들이 많이 다니는 곳에 있는 무인카페라면 홍보하지 않아도 손님들이 꾸준히 오기에 아파트 상가 1층을 추천한다.

3) 내 매장을 들어올 손님들이 많은 곳

사람들이 한 곳을 통해서만 지나다니는 곳을 항아리 상권이라고 한다. 이런 장소에 카페를 연다면 손님들을 쉽게 모을 수 있다. 1,000세대 이상의 아파트 단지의 상가 1층에 매장을 열었다고 하더라도, 사람들이 잘 다니지 않는 아파트 후문에 오픈한다면 주민들은 내 카페가 있는지도 모른다. 버스 정류장 앞처럼 사람들이 스쳐 지나가는 곳이라면 카페를 무료 쉼터로 사용하려는 분들이 더 많다. 내 매장을 사용할 손님들이 많이 다니는 장소가 무인카페를 열기에 좋은 곳이다.

4) 월세 100만 원 이하

아무리 좋은 장소라고 하더라도 손님이 기대만큼 오지 않을 수 있기에 리스크는 최대한 줄여야 한다. 무인카페는 순이익이 많이 나는 사업이 아니기에 운영비는 최대한 줄여야 한다. 비용에서 가장 큰 비중을 차지하는 것이 월세이다. 운영 부담을 줄이기 위해 월세가 적은 곳을 찾아보자.

5) 저가 커피 매장이 없는 곳

메가커피, 컴포즈커피, 빽다방, 더벤티와 같은 저가 커피 매장과는 무인카페가 경쟁할 수 없다. 다양한 메뉴와 가격 할인, 각종 디저트까지 저렴하게 판매하는 매장이 옆에 있다면 무인카페를 운영하기 쉽지 않다. 저가 커피 매장으로부터 최대한 멀리 떨어진 곳에 카페를 열어야 한다. 내 무인카페의 맛과 가격으로 주변 경쟁자들을 이기겠다는 생각은 잠시 접어 두도록 하자.

6) 집과 가까운 곳

무인 매장이기에 가끔 생각하지 못한 일들이 생기고는 한다. 기계 고장이 있을 수도 있고, 이상한 손님들이 오기도 한다. 이런 돌발 상황에 대응하기 위해서 매장은 최대한 집과 가까운 곳이 좋다.

위의 입지 정보는 유튜브나 네이버 등에서 쉽게 검색할 수 있다. 이런 곳을 다 만족시킬 수 있는 장소를 찾기는 어렵다. 그러나 이런 곳을 추천하는 이유를 생각해 본다면 자신에게 적당한 무인카페 매장을 찾을 수 있다.

무인카페가 최근 계속 늘어나면서 적합한 장소를 구하기가 쉽지 않기에 아래와 같은 곳들도 틈새시장으로 떠오르고 있다.

 빌라나 오피스텔들이 밀집된 골목 상권은 저가 커피 매장이 들어오기 어렵기에 무인카페가 잘 될 수 있다. 아파트 단지처럼 잠재 고객이 많지 않을 수는 있지만 젊은 사람들이 커피를 많이 마시기에 틈새시장으로 추천할 만하다. 예배를 보러 오는 교인을 위한 교회나 시험 때 학생들을 위한 대학교 앞도 무인카페를 열기 좋은 곳이다. 대신 매출이 안정적이지 않을 수 있기에 월세가 저렴한지도 꼭 확인이 필요하다.

 무인카페는 유인카페처럼 홍보나 할인 행사가 어렵기에 입지가 카페 매출의 가장 중요한 성공 열쇠이다. 무인카페를 창업하고자 한다면 자신이 매장을 열 위치를 찾는 데에 많은 시간을 쏟기를 바란다. 기본적인 위치나 주변 사진은 네이버 부동산으로 먼저 확인해 보자. 오픈하기를 원하는 상가를 찾았다면 아침, 점심, 저녁마다 가서 사람들이 얼마나 많이 다니는지, 커피는 어디서 사 오는지 등을 추가로 직접 봐야만 한다. 무인카페 창업이나 운영 방법에 대해 더 자세히 알고 싶으면 전자책 『아무도 안 알려주는 무인카페 운영팁 10가지』와 『한 권으로 끝내는 무인카페 창업과 운영방법』을 참고하기를 바란다.

> **따라만 하면 N잡러가 되는 꿀팁 2**
>
> 무인카페는 무인카페만의 입지가 있다. 주변에 카페가 많은 번화가 보다는 아파트 상가처럼 단골을 많이 만들 수 있는 곳을 찾아보자.

3-3

무인카페의 장점

월급 외에 제2의 수입을 만들기 위하여 N잡에 도전하는 분들이 많다. 나는 늘어나는 아이들 학원비와 고깃값 때문에 안정적인 추가 현금 흐름을 위해 부업이 필요했다. 코로나 시기에 유행했던 배달 라이더도 해 볼까 했지만, 오토바이 면허증도 없는 나에게는 어려운 일이었다. 사고라도 나서 회사를 못 가면 나에게는 더 큰 손해다. 다음날 출근 위험이 없는 부업이 필요했기에, 추가 현금 흐름도 만들고 사고 위험도 없는 무인카페가 적격이었다. 직장인인 내가 카페에 도전한 이유는 아래 다섯 가지이다.

1) 작은 초기 투자금

나는 오천만 원으로 7평짜리 무인카페를 시작하였다. 이 정도 금액으로 나만의 매장을 가질 수 있는 업종은 많지 않다. 커피 기계를 리스하거나 인테리어를 직접 하면 더 낮은 금액으로도 창업할 수 있다. 직장인이 대출을 받으면서 새로운 업종의 일을 시작하기란 쉽지 않다. 이미 기존에 빌린 돈이 있는 직장인이라면 더더욱 어려운 일이다. 다행히 초기 투자금이 작았기에 큰 부담 없이 카페를 시작할 수 있었고, 지금은 안정적인 추가 현금 흐름을 만들 수 있게 되었다.

2) 무인 매장으로 운영 가능

직장인이기에 주인 없이도 운영 가능한 아이템이 필요했다. 무인 매장이기에 내가 매일 카페에 있을 필요가 없다. 청소와 재료를 채우기 위하여 아내가 하루에 한 번 매장에만 가면 된다. 카페가 집이나 회사 근처에 있는 사람들은 출퇴근 시간이나 새벽을 활용하여 관리하기도 한다.

또한 무인카페는 사람 채용에 대한 스트레스 없이 운영할 수 있다. '나는 사장이다'라는 카페에 가 보면 아르바이트생 뽑기 어렵다고 말하는 사장님들을 종종 볼 수 있다. 회사에 있으면서 아르바이트생 면접을 볼 수도 없고, 매장 운영할 사람 없다고 휴가 내고 카페에 갈 수는 없는 일이다. 그렇기에 회사 열심히 다니는 직장인에게는 무인 매장을 부업으로 추천한다.

3) 24시간 운영

무인 매장이기에 24시간 운영하면서 밤에도 매출을 올릴 수 있다. 내가 일하고 있거나 잠자고 있는 시간에도 카페 매출은 부지런히 나온다. 아침에 일어나서 밤새 나온 매출이 좋으면 하루를 기쁘게 시작하고는 한다. 24시간 운영을 통해서 매일 꾸준히 수익을 늘릴 수 있다는 점도 무인카페의 장점이다.

4) 전문 지식이 없어도 창업 가능

무인카페는 기계가 음료를 만들어 준다. 바리스타 자격증이 없어도 무인 기계가 다양한 음료를 뽑아낸다. 나 역시 커피를 좋아하기 하지만, 카페라테, 카푸치노 만드는 방법은 모른다. 창업을 도와준 친구들이 알려 준 조리법과 다양한 테스

트로 음료 세팅 값을 조절할 수 있었기에 카페를 처음 시작하는 나도 쉽게 매장을 열 수 있었다. 무인카페의 주 고객층은 동네에서 음료를 마시는 주민들이다. 풍부한 크레마와 다양한 향을 찾는 손님은 많지 않다. 커피 관련 자격증이나 최고의 원두 없이도 쉽게 창업할 수 있다. 당연히 커피에 관해 많이 안다면, 더 좋은 음료를 손님들에게 제공할 수 있다.

난 다행히 창업을 도와준 친구들 덕분에 개인 매장으로 시작하였지만, 무인카페 창업에 대한 지식이 필요하다면 무인카페 프랜차이즈들을 방문해도 된다. 창업 설명회는 SNS에서 쉽게 찾아볼 수 있다. 커피에 대한 전문 지식이 없더라도 창업할 수 있다는 점 또한 무인카페의 장점이다.

5) 나만의 공간이 생긴다

주말이나 쉬는 날이면 청소를 마치고 내 매장에서 조용히 커피를 마시며 쉬고는 한다. 나만의 공간이 생겼기에 책을 보거나 글을 쓸 수도 있고, 내 카페를 꾸미는 재미가 있다. 감성적인 부분이기도 하지만 집과 회사밖에 모르던 나에게 나만의 장소가 생긴다는 점은 꽤 매력적인 부분이었다. 직장인이 아니더라도 프리랜서처럼 자신만의 사무실이나 공간이 필요한 사람들에게는 무인카페도 괜찮은 사업 아이템이 될 수 있다.

평범한 직장인인 나도 프랜차이즈가 아닌 개인 매장을 열었을 만큼 무인카페를 창업하기는 어렵지 않다. 시간이 걸릴 수는 있겠지만 필요한 정보를 충분히 얻는다면 무인카페는 개인이라도 창업할 수 있다. 직장인이라면 낮에는 회사에서 일해야 하기에 주인이 없어도 매장이 돌아가는 무인카페는 부업으로 적합하다.

처음 6개월 정도는 이런저런 일에 당황하기도 하였지만, 3년이 된 지금은 별다른 문제 없이 매장이 잘 돌아가고 있다. 카페 관리를 위하여 물리적인 시간이 필요하기는 하지만, 퇴근 시간이나 주말에라도 매장을 관리할 수 있기에 직장인에게는 추천할 만한 부업이다.

다양한 N잡이 있고 각자의 상황이 다르기에 무인카페만이 직장인이 꼭 해야 할 사업 아이템은 아니지만, 평범한 나도 시작할 수 있었기에 부업을 원하는 직장인이라면 무인카페도 한 번쯤 생각해 보기를 권한다.

> **따라만 하면 N잡러가 되는 꿀팁 3**
>
> 커피에 대한 전문 지식이나 뛰어난 인테리어 감각이 없어도 무인카페 창업은 가능하다. 직장인이라면 무인 매장 창업에 도전해 보자.

3-4

무인카페의
단점

 무인카페는 직장인에게 좋은 부업 아이템 중 하나이지만 장점만 있는 사업이 있을 리 없다. 무인카페의 단점들도 있기에 창업을 생각한다면 단점도 극복 가능한지 검토해야만 한다.

1) 낮은 진입 장벽

 무인카페는 유인카페 창업 정도의 목돈이나 커피에 대한 전문 지식이 없어도 시작할 수 있다. 이 말은 다른 사람들도 쉽게 카페를 열 수 있다는 뜻이다. 프랜차이즈 무인카페도 많아지기에 창업도 쉬워졌고, 시간과 노력만 들이면 개인이 매장을 열 수 있다. 그만큼 경쟁 업체가 쉽게 생길 수 있다는 점은 위험 요소이기도 하다. 빠른 투자금 회수를 위해서라도 경쟁 카페가 주변에 들어올 수 있는지는 꼭 확인해야 한다. 카페에 손님이 많다고 소문나면 옆 상가에 비슷한 가게가 들어올 수도 있다. 입지를 찾을 때 주변에 공실은 많은지, 다른 매장이 들어올 가능성이 있는지도 점검해야 창업 후에도 안정적인 매출을 유지할 수 있다.

2) 원치 않는 손님

진상들로 인한 자영업 사장들의 고충을 여러 매체를 통해서 듣고는 한다. 무인카페는 사장이 손님과 볼 일이 많지 않기에 고객들로 인한 어려움이 없다고 생각할 수도 있다. 하지만 무인 매장을 무료 매장으로 생각하고 이용하는 다양한 고객들 때문에 힘든 경우도 종종 생긴다. 음료 안 시키고 핸드폰 충전하면서 오래 앉아 있는 사람들, 매장 안에서 라면처럼 냄새나는 음식을 먹는 사람들, 디저트나 비품을 몰래 가져가거나 쓰레기를 마음대로 버리고 가는 사람들이 있다. 특히 밤에 청소년들이 무리 지어 오기 시작한다면 주인은 자지도 못하고 CCTV 보면서 매장을 지켜야 할 수도 있다.

이러한 사람들이 많아진다면 다른 손님들이 오지 않기에

처음부터 발생하지 않도록 매장 관리에 신경 써야만 한다. 나 역시 오픈 초기에 밤에 매장을 지저분하게 사용하는 학생들 때문에 급하게 출동한 적이 몇 번 있었다. 지금은 손님들이 카페를 깨끗하게 사용하여 다행이지만, 무인 매장을 운영하는 사장이라면 한번은 겪을 일이기도 하다. 무인 매장에 관심 있으신 분들은 인증 후 매장에 출입하게 하는 등의 다양한 방법도 찾아보기를 바란다.

3) 긴 투자 회수 기간

무인카페는 매장 순수익이 높지 않다. 프랜차이즈들의 창업 설명회를 보면 몇백만 원의 순수익이 나는 매장을 보여주지만, 모든 점주가 다 그 정도의 이익을 낼 수 있지는 않다. 매장 투자금액과 순수익에 따라 달라질 수는 있겠지만 무인카페의 투자금 회수 기간은 3~4년 정도 걸린다. 하루 한 시간 일하는 노동력 대비 좋은 현금 흐름이지만, 회수 기간 때문에 사업 위험도가 높아지기도 한다. 특히 장사가 잘된다고 생각되면 주변에 언제든 유사한 무인 매장이 들어올 수도 있다. 원금은 가능한 한 빨리 뽑아내는 것이 좋지만 생각보다 길어질 수도 있다는 점은 유의하자.

4) 다양한 홍보 방법의 부재

메가커피와 같은 저가 커피 매장은 다양한 홍보 활동이 가능하다. 유명인을 통한 광고나 다양한 1+1 행사, 통신사 할인 등으로 꾸준히 손님을 모을 수 있다. 무인카페는 연예인과의 광고 계약도 없고, 점주가 매장에 없기에 서비스 음료 제공도 쉽지 않다. 당근마켓이나 아파트 게시판에 붙이는 광고 외에 유용한 홍보 방법도 많지 않다. 매장을 알리는 데에 오랜 시간이 걸리고, 손님을 꾸준하게 오게 할 수 있는 방법이 적다는 단점이 있기에, 오픈 이벤트 등으로 초기에 매장을 알리는 데에 큰 노력을 들여야만 한다.

5) 기계 고장 리스크

사람이 없더라도 음료를 마실 수 있는 것이 무인 매장의 장점이지만, 기계가 정상적으로 작동이 안 되면 매출을 일으킬 다른 방법이 없다. 기계이기에 가끔 오류가 나거나 오작

동이 생기고는 한다. 유인매장이라면 사람이 바로 대응 가능한 일들이지만, 늘 CCTV를 보고 있지 않으면 기계가 고장이 난 건지 모르기도 한다. AS를 부를 일이 생긴다면 며칠은 매출이 멈춘 상태로 있을 수도 있다. 평상시에 기계 청소를 꼼꼼히 하고 간단한 응급 처리 가능한 지식이 있으면 기계를 멈춘 상태로 있을 정도의 일은 생기지 않는다. 나 역시 새벽에 커피가 안 나와서 기계 수리하러 간 적이 있지만, 평상시에는 큰 문제 없이 잘 돌아가니 큰 걱정은 안 해도 된다.

프리랜서나 주부라면 무인카페의 장점이 더욱 효과적일 수 있다. 출퇴근 시간에 대한 부담도 없고, 내 매장에서 일할 수 있다면 무인카페의 단점은 많지 않다. 직장인에게는 무인카페의 결점 때문에 창업하기에 부담될 수도 있겠지만, 가족 중 도와줄 사람을 찾던가 집과 가까운 데에 매장을 차린다면 충분히 극복할 수 있다. 독자들도 단점을 보완할 방법을 찾아보면서 무인카페에 도전해 보기를 바란다.

> **따라만 하면 N잡러가 되는 꿀팁 4**
>
> 무인카페는 기계 고장과 같은 문제가 발생하면 빠른 대응이 어렵다. 이를 보완하기 위해 집에서 가까운 곳에 매장을 열거나 도와줄 사람을 미리 구해 놓자.

3-5

잘 되는 무인카페 운영법

무인카페는 내가 처음 시작해 본 자영업이다. 평생 회사만 다니면서 아끼고 살아야만 잘 사는 줄 알았는데, 카페 창업에 도전했다. 어찌어찌 카페는 열었지만, 매출을 어떻게 올려야 하는지 잘 몰랐다. 유인카페처럼 다양한 홍보 활동도 불가하기에 빈 매장만 보며 한숨만 짓고는 했지만, 시간이 지나니 꾸준히 오시는 단골들이 생기기 시작하였다. 이런 손님들을 보면서 무인카페를 운영할 방법에 대해 알아가게 되었다.

1) 무인카페는 음료 외에 공간도 파는 곳이다

무인카페도 카페이기에 맛있는 음료만 팔면 되는 줄 알았다. 다양한 음료를 살 수 있는 메가커피나 편의점이 주변에 있음에도 내 매장을 꾸준히 찾는 손님들이 생기기 시작했다. 단골들이 오는 이유는 음료 외에 자신들만의 공간이 필요하기 때문이다. 동네 어머니들이 언제든 편하게 만나서 이런저런 이야기를 할 수 있는 곳, 늦은 시간까지 작업을 해야 하는 카공족들, 계약서를 쓰기 위해 사람들을 만나야 하는 영업사원들, 시험 때 이야기하면서 공부해야 하는 중고생들에게는 남의 신경 쓰지 않고 언제든 올 수 있는 공간이 필요했다. 모든 아파트에 주민들이 이용하는 커뮤니티 센터가 있지는 않다. 아르바이트생 눈치도 볼 필요 없이 자기들만의 자리가 필요한 손님들에게는 무인카페가 딱 맞는 곳이다. 그렇기에 이런 손님들에게는 다양한 음료 외에도 자주 올 수 있도록 매장을 쾌적하게 유지하는 방법을 늘 고민해야 한다.

2) 맛있고 다양한 음료를 24시간 마실 수 있는 곳

공간을 이용하러 오는 손님들도 있지만 무인카페도 카페다. 맛있는 음료는 기본이다. 처음 시작한 음료 종류나 맛 그대로 계속 팔 필요는 없다. 무인 커피 기계는 다양한 조합으로 여러 음료를 만들 수 있다. 잘 되는 무인카페를 가 보면 손님들의 입맛에 맞게 음료를 추가하고 맛에 꾸준히 변화를 준다. 무인카페가 풍부한 크레마와 다양한 커피 향을 찾는 손님들이 오는 곳은 아니지만, 고객들의 취향을 충족시켜 줄 여러 가지의 음료 제공은 필요하다. 돌아다니다 보면 맛없는 무인카페가 있기는 하다. 커피 추출 조건만 조금만 바꾸어도 충분히 맛있는 음료가 될 수 있음에도 신경을 안 쓰고 있는 무인카페를 보면 아쉬울 때도 있다.

카페에는 커피 외에 다양한 음료를 찾는 손님이 온다. 겨울에는 따뜻한 차, 학생들을 위한 달콤한 핫초코, 여름에는 시원한 에이드 등으로 사람들이 매장에 꾸준히 오게 해야 한다. 요즘은 무인 커피 기계가 만들 수 있는 음료가 점점 늘어나기에 계절별로 다른 음료를 제공해야 오래 갈 수 있는 무인카페가 될 수 있다.

3) 깨끗한 카페

무인카페도 카페이기에 깨끗해야 한다. 이 당연한 말이 당연하지 않은 매장도 있다. 매번 카페를 정리할 사람이 없기에 유인카페처럼 항상 깨끗할 수는 없지만, 카페가 청결한 상태로 유지될 수 있도록 사장이 신경을 써야 한다. 몇몇 손님들로 인해 매장이 지저분해졌다면 자주 가서 청소해야만 한다. 먼지가 쌓이지 않도록 소품도 닦아야 하고, 쓰레기통이 넘치지 않도록 항상 관리해야 한다. 담배꽁초나 쓰레기가 놓여 있지 않도록 매장 주변도 깨끗해야 한다. 카페 문 앞에 담배꽁초나 버려진 컵들이 있다면 들어오고 싶은 사람은 많지 않다. 매장이 청결해야 손님도 깨끗하게 사용한다. 내 매장을 찾는 손님들이 꾸준히 있어야 하기에 무인카페라도 매장은 항상 깔끔하게 유지될 수 있도록 노력하자. 무인 매장은 지저분하다는 인식을 가진 손님들이 있기에 깨끗한 무인카페를 보면 놀라는 분들이 종종 있다. 이렇게 인식이 바뀐 손님들이 더 자주 방문하기에 매장을 청결하게 유지하는 것은 카페 운영에 매우 중요하다.

4) 서비스는 과도하게

무인카페 사장들은 손님이 없는 새벽 시간에 카페를 청소하고 재료를 채운다. 편안하게 매장에 있고 싶은 손님들을 방해하면 안 되기에 바깥에서 기다리다 사람이 없으면 들어가는 사장님들도 계시다. 그만큼 사장과 고객들을 만날 일이 많지 않다. 그렇지만 매장을 오래 운영하다 보면 계속 보게 되는 손님들이 생긴다. 그럴 때는 과도한 서비스를 주는 것이 좋다. 음료나 디저트를 공짜로 주면서 손님들에게 감사하다는 말만 해 줘도 매장에 대한 호감도가 급격하게 늘어난다. 무인카페는 단골 위주로 운영되기에 자주 오는 고객들에게 다양한 혜택을 줘야만 꾸준히 매출이 유지되고 입소문도 난다. 간혹 보는 단골들에게라도 넉넉한 서비스를 준다면 또 다른 손님을 데리고 올 수 있기에 서비스에 인색하지 말자.

5) 가성비 있는 음료 가격

무인카페는 동네 주민들이 자주 올 수 있게 음료 가격을 가성비 있게 정해야 한다. 손님들이 주머니 부담 없이 자주 와야 카페 매출도 안정적으로 유지하면서 오랫동안 매장을 운영할 수 있다.

무인카페는 입지만 좋으면 다른 홍보 활동을 하지 않아도 손님들이 꾸준하게 늘어난다. 그러나 모든 매장이 매출이 잘 나오는 입지에 열 수도 없고, 고민해서 고른 장소라도 사람들이 오지 않을 수도 있다. CCTV만 보면서 손님 많이 오게 해 달라고 기도만 할 수는 없다. 깨끗한 공간과 다양한 음료를 제공할 수 있는 무인카페라면 고객들이 계속 찾아오게 된다. 무인카페는 유인카페와 다른 운영 방법이 있기에 관리만 잘한다면 안정적인 매출을 유지할 수 있다.

> **따라만 하면 N잡러가 되는 꿀팁 5**
>
> 무인카페는 음료 외에 공간도 함께 파는 곳이다. 단골이 언제든 편하게 올 수 있도록 매장을 깨끗하게 유지하여 두자.

3-6

직장인과
자영업 사장님은 다르다

나는 평일은 회사원이고, 주말은 무인카페를 운영하는 자영업자이기도 하다. 출퇴근을 매일 해야 하는 직장인은 자영업 사장님이 부러웠지만, 막상 해 보니 마냥 좋아할 일은 아니었다. 아래는 직장인이 본 자영업 사장님의 삶이다.

1) 사업 존속에 대한 고민

직장인은 정년까지 회사에 다닐 수 있을지 불안하기에, 정년이 없는 자영업자가 부러웠다. 무인카페를 열면 퇴직 걱정 없이 오랫동안 매장을 운영할 수 있을 줄 알았다. 순진한 생각이었다. 내 장사이다 보니 하루, 한 달 매출을 걱정해야 한다. 길게는 내 카페가 언제까지 이곳에서 장사를 할 수 있을지 고민해야 한다. 언제 매출이 떨어져서 카페를 접어야 할지, 근처에 경쟁 매장이 생길지는 아무도 모른다. 매년 월세는 오르고 재료비 인상으로 매출도 함께 늘어야 하지만 내년 매상은 어떻게 될지 알 수 없다. 자영업은 내 사업이 어떻게 될지 아무도 알려 주지 않기에 미래가 불안하기는 마찬가지다.

회사는 일이 힘들더라도 견디면 월급이 나오지만, 자영업은 버티다가 손해만 늘어날 수 있다. 적당한 타이밍에 아이템을 바꿔야 한다. 회사는 항상 위기라고 말한다. 남의 이야기 같았다. 내 사업을 해 보니 매년 위험하다는 말이 몸으로 느껴졌다. 이 사업을 언제까지 할 수 있을지, 오래 유지하려면 뭘 더 해야 할지 늘 고민해야 한다. 사장님이기에 자기 일에 대한 걱정은 직장인보다 절대 작지 않다.

2) 하루씩만 자유롭다

직장인인 나는 출퇴근 시간에 대한 부담도 없고 낮에도 편하게 다닐 수 있는 자영업 사장님이 부러웠다. 자영업이 직장인보다 하루하루는 자유로운 것은 맞지만, 한 달 한 달이 더 여유롭다고 말할 수는 없다. 회사는 휴가나 연차도 낼 수 있고 주말에 쉴 수 있지만, 자영업 사장님은 몸이 아파도 연휴가 있어도 주말이 되어도 쉴 수 없다. 하루 쉬는 날은 매출을 포기해야 한다.

하루이틀 문 닫고 쉬어도 누가 뭐라 그럴 사람은 없지만, 손님은 기억한다. 매장 문이 닫혀 고객들이 짜증 내며 돌아가야만 하는 상황을 일부러 만들고 싶은 사장님은 없다. 자영업 사장님들이 왜 쉬는 날 없이 꼬박꼬박 일해야만 하는지 카페를 창업하고 나서야 알게 되었다. 직장인이 오히려 마음 편히 쉴 수 있는 날이 더 많은 듯싶다.

3) 모든 게 내 책임

회사는 자기 할 일이 정해져 있다. 내 업무와 그에 대한 책임도 명확하다. 회사 규정 잘 지키면서 내가 할 수 있는 범위 내에서 일하면 된다. 회사라면 매출은 영업이, 원자재는 구매팀이, 광고는 홍보팀에서 담당한다. 자영업 사장님은 이런 모든 일을 다 직접 해야 한다. 매출이 빠져도, 재고가 부족해도, 홍보를 못 해도 모두 내가 책임져야 한다. 회사에 다니면서 N잡으로 무인 매장을 운영하기에 부담이 없지만, 이 일이 본업이라면 무슨 일이 생기더라도 내가 해결해야 한다는 마음으로 있어야 한다.

4) 내 회사라는 마음

회사 일을 내 일처럼 한다면 업무 성과도 뛰어나고 좋은 평가를 받고 진급도 빨라진다고 한다. 알지만 실천하기 어려운 일이다. 내가 하고 싶은 일이 아닌 회사에 필요한 일을 해야 하고, 내가 열심히 일한다고 성과도 좋을 거라는 보장을 할 수 없다. 내가 회사의 주인처럼 일하기 쉽지 않다.

자영업자는 자신이 사장이기에 정말로 내 회사처럼 일해야 한다. 새벽 2시에 커피가 안 나온다고 해서 긴급하게 수리하러 갔었다. 회사 일이었다면 그런 밤중에 출근하지는 않았을 거다. 안방에 떨어진 먼지는 안 치워도 매장 구석구석 떨어진 머리카락들은 꼭 줍고서 집에 가야 한다. 내 카페이고 내가 주인이라는 마음에 귀찮은 일이라도 직접 하게 된다. 손님들이 내 매장으로 오는 길이 깨끗하길 바라기에 상가 주변에 있는 쓰레기도 틈틈이 치우고 있다. 아르바이트였다면 절대 하지 않았을 일이다. 회사 업무도 이렇게 했더라면 어땠을까 하는 생각이 들기도 하지만, 막상 회사에 가면 내 일처럼 일하기는 쉽지 않다.

5) 상사는 없을지라도 나를 보는 사람은 많다

직장인은 상사의 지시에 맞춰 일해야 하기에 윗사람 눈치 볼 필요 없는 자영업자들이 부러웠다. 사장님들은 윗사람이 없지만 지켜보는 눈이 주변에 늘 있다. 항상 손님들에게 친절해야 하고, 주변 상가 사장님들과 좋은 관계를 맺어 놔야 한다. 회사의 모든 사람에게 좋은 인상을 줄 수는 없지만, 사장님은 내 가게에 오는 모든 손님에게 좋은 기억을 주도록 노력해야 한다. 윗사람이 없다고 마냥 편하게 매장에 앉아 있을 수는 없기에 자영업자들이 오히려 더 눈치를 봐야 한다.

직장인에게는 자유롭게 출퇴근하고, 상사와의 갈등이 없는 자영업 사장님이 부러웠다. 직접 매장을 운영해 보니 사장님의 어려운 점은 직장인과 달랐다. 손님이 없어도 매장을 청소해야 하고, 매일 날씨를 보면서 오늘은 매출이 얼마나 나올까 걱정해야 하고, 아프더라도 쉴 수 없으니 몸 관리도 알아서 해야 하는 사장님의 고민이 있었다. 안정적인 월급이 나온다고 해서 직장인이 맘 편하게 일할 수 있는 것도 아니기에, 직장인과 자영업 사장님 중 누가 더 좋다고 말할 수는 없다. 남의 일이 더 편할 거라는 생각보다는 자신의 필요에 맞춰 N잡을 준비해 보도록 하자.

> **따라만 하면 N잡러가 되는 꿀팁 6**
>
> 직장인인 나는 자영업 사장님들을 선망했지만 남의 떡은 항상 커 보이는 법이었다. 남 하는 일 부러워하지 말고 자신에 맞는 N잡을 찾아보자.

3부

직장인 N잡러의 마인드

제 1 장

직장인 N잡러라면
이것만은 그만!

1-1

첫술에
배부를 수 없다

 새로운 도전은 언제나 희망으로 가득 차 있다. 시작만 하면 바로 성공할 줄 알았다. 발생 가능한 여러 상황에 대해서 나름대로 준비했었다. 어떤 일이 생기든 당황하지 않을 줄 알았다. 시작하고 보니 현실은 준비했던 것과 달랐다. 내가 상상 못 했던 일들이 생기고는 했다. 대박은 언제나 남의 이야기라는 것을 다시금 깨닫게 되었다.

 『서울 자가에 대기업 다니는 김 부장 이야기』를 쓴 작가도 직장인이다. 나도 회사에 다니면서 베스트셀러 작가가 되기를 꿈꾸었지만, 지금도 현실이 되지 못한 미생의 삶을 살고 있다. 그렇다고 도전을 멈춘 것은 아니다. 첫술에 배부를 수 없다는 말을 다시 알았을 뿐이고, 직장인 N잡러로서 시작했던 일들을 꾸준히 하는 중이다. 대박을 꿈꾸는 직장인들이라면 내가 몸소 겪었던 일들에 대해서 한번 고민해 보자.

첫째는 바로 성공할 거라는 희망은 잠시 접어 두자. 미래를 긍정적으로 보는 것은 좋다. 하지만 희망만 믿고 내 돈과 시간을 과도하게 투자하거나, 회사를 그만두고 N잡에 모든 걸 거는 무리한 일은 하지 말자. 직장 생활도 내 계획대로 되었다면 난 이미 건물 두 채 정도 가지고 있는 임원이 되었을 거다. 모든 일이 내 계획대로 안 될 수 있다는 것을 기억하자.

직장인 장점 중 하나는 안정적인 월급이다. 다음 달이나 내년에 내가 얼마를 벌 수 있을지 예상할 수 있다. 오늘 열심히 일한다고 월 급여가 바로 오르지 않는 단점은 있다. 무리해서 도전했다가 금전적인 문제가 발생하는 경우 이를 메꾸기 위하여 나와 내 가족이 힘든 시간을 보낼 수도 있다. 또는 부업 때문에 직장 생활에 나쁜 영향을 준다면 안정적인 월급이 위험할 수도 있다. 직장을 꾸준하게 잘 다닐 수 있다면 도전은 언제든지 할 수 있다. 처음부터 무리하지 말자.

둘째는 새로운 일을 배우는 시간을 계산하자. 무인카페는 기계가 음료를 뽑아 주기에 주인이 할 일은 별로 없다고 했다. 맞는 말이다. 기계 청소, 음료 세팅 및 긴급 수리 방법 등을 다 익히고 난 이후에는 할 일이 별로 없다. 익숙해지면 다

간단한 일이지만, 처음에는 뭔가 잘 못 건드려서 고장 날까 봐 마음 졸여가며 기계를 만지고는 했다. 나는 주말에만 매장에 갔었기에 커피 머신과 친해지기까지 더 오랜 시간이 걸렸다. 시간과 공간의 제약 때문에 직장인은 새로운 일을 배우는 데에 생각보다 오래 걸린다. 이 점을 알고 새로운 도전을 준비하였으면 한다.

마지막으로 근거 없는 상상은 나를 안드로메다에 보낼 수 있다. 책을 한 번 쓰면 두 번째, 세 번째 책도 바로 쓸 줄 알았다. 매장만 오픈하면 2호, 3호를 금방 열 수 있을 줄 알았다. 좋은 경우만 생각하면서 행복했었고, 나쁜 일들은 나와 상관없는 줄 알았다.

막상 시작하니 즐거운 일만 생기지는 않았다. 책을 한 번 써 보니 배워야 할 게 많아서 2년 만에 두 번째 책을 쓰게 되었다. 무인카페는 신규 매장보다는 월 손익을 튼실히 다지는 쪽에 더 신경을 쓰고 있다. 이제야 내 글과 매장의 단점이 보이기 시작했다. 현실을 인정하고 나서야 다음 단계를 생각할 수 있게 되었다.

그렇기에 N잡을 준비하는 직장인이라면 아래 세 가지를 생각해 보기를 바란다.

첫 번째, 작게 시작해 보자. 간 좀 보고 시작하라는 말이다. 글로 사람을 도울 수 있기에 작가는 멋진 직업이다. 그러나 내가 작가로서 사람들에게 얼마나 영향을 줄 수 있는가는 아무도 모른다. 우선은 글쓰기 모임부터 시작해서 블로그에 글도 쓰고 공저도 써 보면서 다양한 출간 방법도 익혀보자. 내가 글을 쓰면서 살 수 있을지 고민해 본 다음 작가에 도전해도 늦지 않는다.

두 번째, 그 일을 하는 사람들을 직접 만나 보고 이야기해 보자. 요즘은 유튜브에서 다양한 정보를 얻을 수 있지만, 창업 관련해서는 하지 말라는 내용이 대부분이다. 카페나 편의점 등으로 생각만큼의 수익을 내기가 어렵기에 그럴 수 있다. 이런 동영상만 보고 있으면 할 수 있는 일들은 하나도 없다. 아무것도 안 하는 것이 돈을 버는 일이 되어 버려 도전조차 못 하게 된다.

필요한 정보들을 얻었다고 생각하면 그 일을 하는 사람을 직접 만나 보자. 무인카페에 가서 음료수 다섯 잔 뽑으면서 카페에 대한 조언을 요청한다면 싫다고 할 사장은 없다. 작가가 쓴 책 읽어 보고 궁금한 사항을 메일로 물어본다면 대답 안 해 줄 저자도 없을 것이다. 원하는 일을 하는 사람들을 직접 만나 보고 도전할지 말지를 스스로 판단하자.

세 번째, N잡을 어떻게 운영할지 나만의 계획을 세워보자. 독자들의 목표가 일의 개수만 늘리는 것은 아닐 거다. 먼저 무엇을 배우고, 언제 시작해서, 어떻게 운영할지, 내가 어디까지 버틸 수 있는지 등 나만의 청사진을 만들어 보아야 한다. 계획이 있어야 내가 지금 어디쯤 있는지 알 수 있다.

경영학과 교수님이 하신 말씀이 있다. 경영학 공식들은 이상적인 상황을 가정하였기에 현실에서는 절대 일어날 수 없는 일이지만, 우리가 가야 할 방향을 가르쳐 주기에 의미가 있다고 하셨다. 지금 내가 가고 있는 길이 맞는지 확인하기 위해서라도 계획을 세워볼 필요가 있다.

나와 달리 독자들은 모든 일이 한 번에 다 잘되었으면 좋겠지만, 세상일이 그럴 수 없다는 것도 우리는 이미 알고 있다. 내 원하는 대로 다 되었다면 난 이미 로또 10번 맞고, 강남에 아파트 다섯 채는 가지고 있었을 거다. 회사는 벌써 그만두고 몰디브에 가서 모히토 마시고 있었을 테지만, 지금의 나는 날씨 화창한 일요일 오후에 노트북 앞에 앉아 글을 쓰고 있다.

직장인이라면 단거리 선수인 우사인 볼트보다는 이봉주 선수 같은 마라토너를 생각하며 N잡을 시작해야 한다. 시간은 걸릴지라도 결국에는 결승점에 손을 흔들면서 들어갈 수 있을 것이다.

> **따라만 하면 N잡러가 되는 꿀팁 1**
>
> 부푼 희망을 안고 새로운 일에 도전하지만, 원하는 결과를 바로 얻을 수는 없다. 마라토너처럼 결승점에 도달할 때까지 포기하지 말고 꾸준히 달려 보자.

1-2

직장인 마인드는
버리자

N잡러는 직장인이 아니다. 회사에서 받는 월급이 아닌 자신의 능력으로 돈을 버는 사람이다. 회사가 시킨 일만 하는 직장인 마인드는 버리고 나를 위해 일해야만 한다. 그렇기에 N잡러는 스스로 해야 할 일들이 많다.

직장인은 회사가 필요로 하는 일을 하고 그 대가로 월급을 받는다. 내가 하고 싶은 일보다 회사에 필요한 일을 먼저 해야 한다. 내가 원하는 일이 회사에도 도움이 될 수는 있다. 하지만 위에서 시킨 일과 매일 해야 하는 업무를 처리하기도 바쁘다. 시킨 일들만 완벽하게 처리해도 회사 생활 잘하는 것이다.

반면 N잡러는 시킨 일만 할 수는 없다. 누구도 나에게 뭘 하라고 말하지 않기 때문이다. 돈이 안 벌리더라도 온종일 글 쓰고 카페 청소를 하면서 지내고 싶어 하는 사람은 없을 것이다. 돈벌이가 아닌 취미로서 할 수 있는 일은 많다. 하지만 N잡은 취미가 아닌 직업이다. 돈을 어떻게 벌 수 있는지를 생각해야만 한다. 나의 작업이 사람들에게 도움이 되었다면 그 대가는 어떻게 받아야 할지, 무엇으로 내 노동의 가치를 평가할 수 있을까 고민해야 한다. 당연히 이에 대한 답은 누구도 주지 않는다.

회사에서는 작업 지시서나 규정이 있고 모르면 윗분들에게 물어보면 된다. N잡러는 내 일에 대한 방향이나 처리 방법을 아무도 알려 주지 않는다. 물어보거나 도움받을 사람이야 찾으면 있겠지만, 결과물에 관한 결정은 내가 하는 것이다. 아메리카노 가격을 1,500원에 할지, 2,000원에 할지 무인카페 단톡방에 물어보면 답이 다 다르다. 경쟁 카페를 생각해서 낮게 가야 한다는 사람. 가격에 상관없이 올 사람은 오기에 비싸게 해도 된다는 사람. 자기 상황에서 제일 나은 방법을 알려 주지만, 내 카페는 그들의 매장과 다르다. 가격은 스스로 결정해야 하고, 그 결과에 대해서 자기가 책임지면 된다. 수동적인 직장인처럼 위에 보고하고 언젠가 나올 결과만 기다린다면 카페 문을 닫아야 할 시간만 빨라진다.

N잡러는 일이 없다고 생각하면 정말 없지만, 일하고자 하면 할 일들이 끊임없이 생긴다. 책도 어떤 주제로 써야 할지, 전자책으로 할지, 출간 방법은 어떻게 할지 등을 직접 고민하고 결정해야 한다. 무인카페도 매장 분위기, 홍보 및 손님 대응 방법 등 각자의 매장에 맞는 답을 찾아야 하는 건 사장의 몫이다. 스스로 할 일들을 찾고 시작하지 않으면 어떤 일도 일어나지 않는다. N잡러가 직장인과 다른 부분이다.

다음은 사장 마인드로 일해야 한다. 회사에서 매출과 수익 모두를 올릴 수 있는 방법을 찾아오라고 한 적이 있다. 말이 안 된다고 생각했다. 매출을 올리려면 가격을 낮춰야 한다. 수익을 높이려면 가격을 높이면 되지만 매출은 떨어진다. 두 가지 일을 동시에 하는 건 불가능하다고 생각했다. 회사에서는 주인의식을 가지고 어떻게 할지 고민하라고 하지만 월급통장을 보면 그런 마음이 들지 않는다.

내 카페에서는 그 고민을 스스로 할 수밖에 없다. 가격을 높이자니 손님이 줄어들 것 같고, 매년 월세나 전기세가 올라 수익은 떨어지기에 단가를 어떻게 올릴지 늘 고민이 된다. 내 사업이기에 "모든 일이 다 내 탓이다."라는 생각으로 방법을 찾으려고 노력 중이다. 가격을 올린 신메뉴를 개발하거나, 가격 인상에 대한 정당성을 어떻게 고객들에게 설명할지 사장 관점에서 방법을 찾게 된다. 직원이라면 고민 안 할 일들을 내 카페이기에 하게 된다.

마지막으로는 내 생각을 월급에 맞추지 말자. 20년째 회사에 다니고 있다. 매달 나오는 급여에 맞춰 아껴 살아야만 하는 줄 알았다. 월급을 못 늘리기에 소비는 줄여야 했고, 내가 생각하는 돈의 범위는 월급이 기준이었다. N잡을 하다 보니 늘 나에게 돈을 더 벌 방법이 있는지 묻게 된다. 내 생각의 범위가 커질수록 할 수 있는 일도 많아진다는 것을 알게 되었다.

벼룩을 좁은 상자에 넣어두면 자기 능력보다도 작게 뛰게 된다. 나 역시 그랬다. 나의 돈 버는 능력도 내 월급 수준까지라고만 생각했다. N잡은 월급이 없다. 내가 노력하고 방법을 찾으면 더 크게 벌 수 있다. 리스크는 있겠지만 가능한 범위 내에서 내 수익을 늘릴 수 있는 방법을 찾으려고 한다.

나이가 들어갈수록 뱃살 외에 무서움도 함께 늘어나고 있다. 안전하고 확실한 일만 하고 싶어진다. 새로운 일은 하면 안 되고, 아무 일 없이 편안하게만 지내고 싶다. 가늘고 끈질기게 회사 생활하고 싶지만, 회사도 이런 사람들을 안다. N잡러가 되기를 원한다면 편안한 일들에만 익숙해지려고 하지 말고, 사장처럼 모든 일을 맡아서 해 보자. 누가 알겠는가. 정말 사장처럼 기사 달린 차 타고 다니게 될지. 도전해 보지 않으면 아무도 모를 일이다.

> **따라만 하면 N잡러가 되는 꿀팁 2**
>
> N잡러는 시킨 일만 잘해도 되는 직장인과 다르다. "모든 일은 내 책임이다."라는 생각을 가지고 새로운 일들에 도전해 보자.

1-3

장고 끝에
악수 두지 말자

직장인은 바쁘다. 퇴근했다고 일이 끝나지 않는다. 집에 와도 오늘 마무리 못 한 보고서가 여전히 머릿속에 남아 있다. 몸은 집에 있지만, 마음속의 나는 회사에 있는 키보드를 계속 두드리고 있다. 유튜브를 봐도 가슴 한구석은 계속 답답하다. 이런 직장인들이 퇴근 후 다른 일을 하는 건 쉽지 않지만, 남는 시간을 활용하여 미래를 준비하는 회사원들도 있다. 반대로 시간이 있어도 아무것도 실행하지 못하는 사람들이 있다. 자기 계발 고시생과 "하면 안 돼."를 늘 입에 달고 다니는 사람들이다.

자기 계발 고시생으로 불리는 사람들은 모임에 가면 종종 볼 수 있다. 매우 부지런하고 매사에 열정적이다. 퇴근 후나 주말에도 늘 자기 계발을 위해 인터넷 강의를 듣거나 책을 읽는다. 주말에는 부동산 임장도 다닌다. 겸손하기도 하다. 책도 많이 읽고 유료 강의도 들어서 아는 게 많으니 언제 시작하실 거냐고 자주 봤던 분에게 물어보았다. 여전히 모르는 게 많아서 조금만 더 준비한 다음에 시작하겠다고 말하였다. 몇 개월 뒤에 다시 만나도 여전히 실행은 못 한 채 더 공부해야 한다는 말만 하고 있었다.

무인카페 단톡방에서 카페 창업 준비를 위해서 여러 정보를 물으시는 분이 있었다. 방에서 나온 창업에 대한 중요 사항을 매일 정리하셨다. 무인카페 입지, 오픈 전 필요 사항, 기계 정보들을 다 물어보면서 꼼꼼하게 적어 방에 올렸었다. 곧 방 안에 있던 사람들이 이분의 창업을 격려하기 시작했다. 카페만 열면 사람들이 우르르 달려가 다 도와줄 듯한 분위기였다. 드디어 자신이 찾는 입지가 나왔다고 방에 올렸다. 사람들이 괜찮은 곳이니 어서 계약하라고 하였지만, 조금만 더 찾아보겠다고 말하면서 2개월 이상 "여기 괜찮을까요?"란 말만 올리고는 했다. 3개월쯤 되니 이제는 질문도 올라오지 않았다. 이미 창업한 사람들보다 더 많이 준비했고, 원하는 매장도 찾았지만, 오픈까지는 하지 못한 채 방을 나

가셨다. 무인카페를 열면 잘하실 분이었는데 아쉬울 뿐이다.

 공부가 나쁘지는 않다. 어설프게 시작했다 실패하기보다는 더 준비해서 창업하는 것이 낫다. 다만, 시작은 안 한 채 공부만 하니 문제이다. 아무것도 하지 않으면 아무 일도 일어나지 않는다. 카페 입지만 열심히 찾는다고 무인카페가 알아서 열리지 않는다. 음료 세팅 방법을 다 알아도 내 기계로 음료를 만들지 않으면 아무 소용없다. 공부하다 때가 왔다고 생각되면 시작해야 새로운 일을 할 수가 있다.

 또 다른 부류의 사람은 "하면 안 돼."라는 말을 늘 입에 달고 다니는 사람들이다. 책을 내겠다고 했을 때 작가는 배고픈 직업이니 하면 안 되느니, 사람들이 책도 안 보는데 왜 굳이 시간과 돈을 들여가며 글 쓰며 온갖 부정적인 말을 하는 사람들이 있었다. 무인카페를 열었을 때도 이미 지난 아이템인데 왜 시작했냐면서, 자기한테 말했으면 돈 아꼈을 거라고 내 미래를 걱정해 주던 친절한 분도 있었다. 이런 분들하고 이야기하면 뭐든지 안 되는 이유를 줄줄이 이야기해 주고, 주변에 그 일을 하다 망한 사람들 이야기도 하나씩 해 준다. 듣다 보면 세상에 할 일이 하나도 없는 듯싶어진다.

나는 이런 부류의 사람들보다도 한번 해 보자고 격려해 주는 분들이 많았기에 책도 내고 무인카페도 운영하고 있다. 운이 좋았지만, 매번 이럴 수만은 없기에 새로운 도전을 위한 나만의 규칙을 만들었다.

우선은 내가 시작할 시점을 주변 사람들에게 말하는 것이다. 평범한 직장인이 어떻게 처음 들어본 무인카페를 할 수 있었겠는가. 새로운 일에 대한 도전 정신을 불러일으켜 주는 '자기혁명캠프'에 참가했다가 2022년 12월까지 무인카페를 열겠다고 사람들 앞에서 공표했다. 무모한 짓이었다. 그러나 내가 한 말을 지키기 위해서 미친 듯한 집중력으로 카페 입지를 찾고 필요한 것들을 준비하기 시작했다. 조금 늦기는 하였지만 2023년 1월에 상가 계약을 하고 2월에 창업하였다. 말하면 이루어진다더니 회사 일만 하던 직장인이 카페를 열게 되었다. 원하는 것이 있다면 자신만의 일정을 잡고 사람들 앞에서 말해 보자. 부끄러워서라도 말한 대로 하게 된다.

또한 긍정적인 활력이 넘치는 사람들 옆에 있고자 한다. "안 돼."라는 말을 하는 사람들이 더 많지만, 한번 해 보자면서 주변을 격려해 주는 분들도 있다. 때로는 자신의 에너지를 주변에 나눠 주는 사람들이 있다. 이런 부류 속에 있으면 자기도 모르게 원하는 목표를 향해 움직이게 된다.

나는 '자이언트'라는 글쓰기 모임에서 활동하고 있다. 매달 서너 명씩 책을 낸다. 책이 출간될 때마다 동료 작가들의 수많은 격려가 쏟아진다. 글을 쓰면서 느끼는 기쁨과 슬픔을 공유하고, 힘들더라도 오늘 또 글 한 편 썼다고 말하는 작가들을 늘 보고 있다. 이런 분들 옆에 있으면 나도 할 수 있다는 생각이 자연스럽게 든다. 그 덕에 이렇게 두 번째 책도 쓰고 있다.

새로운 도전은 흥분되는 일이지만 무섭기도 하다. 매번 성공할 수는 없다. 실패할 가능성도 크다. 아무것도 하지 않은 채 책만 본다고 원했던 일은 일어나지 않는다. 창업하면 망하는 이유 100가지를 말해 주면서 내 덕에 너 돈 벌었다고 말하는 사람들 옆에 있으면 돈 벌 기회도 잃어버린 것이다.

직장인이 모든 일을 다 할 수는 없지만, N잡러가 되고 싶다면 이제 실행해 옮겨 보도록 하자. 반백 살 된 평범한 아저씨도 한 일이다. 독자분들도 충분히 할 수 있다.

> **따라만 하면 N잡러가 되는 꿀팁 3**
>
> 오래 고민한다고 원하는 정답이 나오지는 않는다. 불안감만 늘어나기에 정보를 충분히 모았으면 작게라도 도전해 보자.

1-4

내 일을
회사에 알리지 마라

직장인이라면 눈치를 잘 봐야 한다. 낄 때 껴야 하고, 빠져야 할 때 빠져야 회사 생활이 편하다. N잡러라면 회사에서 더 눈치껏 행동해야 한다. 내가 퇴근 후 다른 일하러 가는 걸 말하는 게 좋을지, 매장 포스터를 오늘까지 만들어야 하는데 저녁 회식에 가야 할지 말지를 눈치껏 잘 판단해야 한다. 이렇듯 직장인 N잡러는 회사 일 외에 고민거리가 하나 더 생긴다. 이런 분들에게 회사 생활할 때 알아야 할 몇 가지 사항들을 말해 주고자 한다.

첫 번째는 내 N잡을 동료에게 알리지 말자. 겸업이 가능할지라도 내가 다른 일을 한다는 것을 회사 사람들에게 말할 필요는 없다. 회사 생활 성실히 하고 퇴근 시간 이후에 이런저런 일 한다고 하더라도, 사람들 눈에는 회사 떠날 사람으로 보일 수 있다.

남들은 평일 저녁에 운동하고 주말에 골프 치듯이 나 역시 퇴근 후와 주말 같은 시간에 책을 썼을 뿐이었다. 첫 책이 나온 기쁨에 회사 사람들 몇몇에만 홍보를 했었다. 대단하다고 말하는 사람도 있었지만, 회사 언제 나갈 거냐고 묻는 사람도 있었다. 저녁에 글을 썼다고 아무리 말한들 이미 나는 그들에게 퇴사를 준비하는 사람이 되어 버렸다. 억울했지만, 남들 생각을 바꿀 수는 없다. 책 한두 권 덜 팔아도 된다. 회사는 회사이고, N잡은 N잡이다. 퇴근 이후의 내 생활을 굳이 알리지 말자. 나를 격려해 주는 좋은 선후배들도 많지만, 모든 동료가 다 그럴 수는 없다. 괜한 시샘과 핀잔을 들을 수도 있으니 내 퇴근 후의 일들을 되도록 주변에 말하지 말자.

두 번째, 퇴근 후 모임도 우선순위를 두고 만나자. 회사에서 사람들과의 관계는 중요하다. 일 마친 후에 팀원들과 술 한잔하면서 힘든 하루를 마무리할 수도 있다. 그렇다고 불러주는 모든 모임에 다 갈 필요는 없다. 요즘 회식이 많이 줄기는 했지만, N잡을 유지하기 위해서 퇴근 후에도 꾸준히 해야 할 일들이 있다. 중요한 자리는 가야 하겠지만, 이유 없는 술

자리에는 가능한 가지 말도록 하자.

  서로의 생활을 격려하고 도움을 주는 모임도 있지만, 에너지만 뺏기고 오는 모임도 있다. 글을 쓰고 매장 청소할 힘을 이런 곳에서 낭비할 필요는 없다. 나한테 도움 되는 사람만 만날 수는 없겠지만, 우선순위를 두고 나가도록 하자. 낮에 최대한 많은 에너지를 모아서 퇴근 후에는 내가 필요로 하는 활동에 집중해 보자.

  세 번째, 내 일은 다 마치고 N잡을 하자. 퇴근 후의 일 때문에 내 일을 남에게 부탁하는 불성실한 모습을 주변 사람들에게 보이면 안 된다. 모든 직장인은 다 바쁘다. 남의 일을 즐겁게 대신해 주는 사람은 없다. 평상시 근무 태도가 불량하면 일하다 생기는 평범한 실수마저 좋게 넘어가지 않을 수 있다. 특히 내가 N잡을 하고 있다는 걸 아는 동료라면 더욱 그렇다. 본업과 N잡 모두에 영향을 주지 않기 위해서라도 회사 일은 마무리하고 퇴근하도록 하자.

  네 번째, 회사에서도 배울 수 있는 건 익혀 두자. 회사 일과 N잡이 이분법처럼 딱 나눠지지는 않는다. 회사 생활하면서도 부업에 필요한 기술들은 꾸준히 익힐 수 있다.

회사 보고서 작성 연습은 글쓰기에도 큰 도움이 된다. 글과 도표로 내 생각을 다른 사람에게 정확히 전달하는 것이 보고서의 목적이고, 책도 내 생각을 독자에게 글로 정확하게 설명해야 한다. 보고서를 쓰면서 내 글쓰기도 연습할 수 있다.

어떤 문제(What)가 - 왜 발생하여(Why) - 어떻게 처리할지(How)를 설명하는 것이 보고서 작성 순서이다. 나의 문제(What)가 - 왜 생겼는지(Why) 알아보고 - 어떻게(How) 독자와 공감할 수 있는지를 쓰는 것이 글이다. 보고서를 쓰다 보면 자연스럽게 글쓰기 실력도 늘어나게 되기에 회사 안에서도 연습을 할 수 있다.

이 외에도 회사에서 배운 파워포인트 기술로 매장 홍보 포스터 작성에 활용할 수 있고, 제품 수익성 산출 방법으로 매장 음료별 순수익이 얼마 남는지 계산할 수 있다. 하루 대부분을 회사에서 보내는 만큼 N잡에 도움 될 수 있는 기술은 배워 두자.

다섯 번째, 회사 정보를 절대로 밖에서 사용할 생각은 하지도 말고 회사 이름을 쓰지도 말자. N잡은 개인 사업자이다. 자기가 터득한 기술로 남들에게 도움을 주고자 해야 한다. 회사 자산이나 이름을 사용하다 회사가 알게 된다면 N잡만이 아니라 직장을 그만둬야 할지도 모른다. 주변에 보는 눈이 생각보다 많다는 것을 잊지 말자.

N잡러라면 회사 일 외에도 할 일이 많다. 그렇다고 회사에 내가 N잡러인 것을 티 내서는 안 된다. 모든 사람이 다 나의 노력을 칭찬하고 격려해 주지 않는다. 다양한 일도 하면서 회사 생활도 잘할 수 있는 자신만의 규칙을 만들어서 두 마리 토끼를 다 잡아 보자.

> **따라만 하면 N잡러가 되는 꿀팁 4**
>
> 회사에는 내 도전을 칭찬해 줄 사람만 있지는 않다. 내가 하는 일들을 알리지 말고 회사는 조용히 다니자.

1-5

남 탓하지 않기

내 마음대로 회사 일이 되는 경우는 많지 않다. 계획대로 안 되는 데는 이유가 있다. 다른 팀과의 일정 조율이 안 되어서, 내부 보고가 안 끝나서, 담당자의 실수 등등 다 그럴 만한 사유는 있다. 그렇다고 상사가 이 모든 일을 다 이해해 주지는 않는다. 내일 상무님에게 보고해야 하는데 다른 팀에서 자료 주지 않았다고 보고를 미룰 수 있는 실무자는 없다. 불만족스러운 자료라도 보고는 해야만 한다.

이럴 때 상사에게 실무자가 자주 하는 말이 변명이고 남 탓이다. "하려고 했는데 누구 때문에 일정을 못 맞췄습니다." 또는 "상대 팀에서 자료를 늦게 줘서 데이터 취합이 늦었습니다." 등 구구절절한 사연 없는 일은 없다. 담당자도 억울하기에 남 탓을 하고는 한다. 회사 일을 하다 보면 생길 수 있는 일들이지만, 직장인 N잡러가 되고자 한다면 내 일에 대해서는 남 탓하지 말자. "모든 건 다 내 탓이다."라는 마음으로 일하도록 하자. 남 탓을 하면 안 되는 이유는 다음과 같다.

첫째, 남 탓한다고 결과가 바뀌는 건 없다

회사에서도 남 탓한다고 바뀌는 건 없지만 왜 일이 계획대로 진행되지 않았는지는 설명해야 한다. N잡러는 남 탓 해봤자 자기 신뢰도만 떨어질 뿐이다. 손님에게 음료가 안 나온 건 기계 때문이고, 독자들에게 책이 안 나오는 건 출판사 때문이라고 설명해 봤자 이해할 사람은 없다. 고객들에게는 최종 결과물이 중요하다. 과정에 대한 책임은 본인이 져야 한다.

무인카페에서 가장 중요한 건 입지다. 무인카페 하고 싶다고 아무 상가나 계약하는 사람은 없다. 유튜브, 블로그를 찾아보면서 임장도 가고, 무인카페 방에서 내가 찾은 자리가 적합한지 계속 확인해야 한다. 무인카페 프랜차이즈 사업 설명회에 가서 입지 분석 방법이나 창업 때 필요한 것들이 무엇인지 배우는 것도 가능하다. 그렇게 고심 끝에 연 무인카페일지라도 기대한 만큼의 매출이 나오지 않을 수 있다.

 잘 되는 곳인지 안 되는 곳인지는 매장을 열어 봐야 알 수 있다. 준비 많이 했다고 해서 성공한다는 보장은 없다. 자신이 선택해서 연 매장의 매출이 안 나온다고 유튜버나 블로거 탓해 봤자 손님이 늘어나지 않는다. 무인카페 프랜차이즈에서 찍어 준 자리일지라도 모든 매장이 매출 상위 1%에 들어갈 수는 없다. 실망하는 점주도 있을 수 있지만, 프랜차이즈 본사를 탓한다고 손님이 늘어나거나 이미 계약한 월세가 낮아질 리 없다.

 N잡러는 개인 사업자다. 자신이 결정한 사항에 대하여 책임을 져야 한다. 회사원처럼 일이 안 풀렸다고 남 탓해 봤자 바뀌는 건 없다. 결과가 실망스러울지라도 다음 단계를 고민하는 것이 손해를 줄이는 일이다. "누구 때문에 요 모양 요 꼴이네."라고 말하기보다는 "다 내가 결정한 일이니 빨리 해결하자."라고 말하는 것이 내 정신건강이나 순수익에 도움이 된다.

두 번째, 남 탓하기 시작하면 배우는 게 없다

결과가 나쁜 이유가 내 잘못이 아닐 수도 있지만, 남 탓할수록 내가 배울 수 있는 건 없다. 내가 잘못한 게 없으면 알아야 할 것도 없다. 발생한 문제는 직접 해결해야 하기에 모든 걸 알아두어야 한다. 한번 생긴 문제가 두 번째도 일어나지 말라는 법 없다. 같은 일이 두 번 생겼어도 똑같은 결과가 나온다면 누가 그 사람을 믿어 주겠는가.

무인카페에서는 기계가 고장 나면 매출도 멈춘다. 제조사 때문에 기계가 망가졌을 수도 있다. 모든 고장을 만든 곳에서 해결해 주기를 기다린들 매출만 계속 줄어들 뿐이다. 간단한 문제들은 점주가 관심만 가지면 쉽게 해결할 방법들이 있다. 점주가 고칠 수 없는 문제에 대해서만 빠르게 AS를 신청해야 매출 손실을 최소로 줄일 수 있다.

내 매장의 기계도 고장 난 적이 있다. 음료 추출 때 모터가 큰 소리를 내면서 잘 안 돌아가고는 했다. AS를 불렀더니 간단한 조치로 수리가 완료되었다. 3개월 뒤에 똑같은 문제가 발생하였기에 기사가 했던 대로 수리했고 지금까지 같은 문제는 발생하지 않았다.

   새벽 2시에 커피가 안 나온 적도 있었다. 제조사 탓을 하면서 AS를 기다렸다면 연휴 매출이 모두 없을 뻔했었다. 부랴부랴 매장에 가서 원두 나오는 곳을 청소했더니 다시 커피가 나왔었다. 처음 있었던 일이었기에 온갖 걱정이 밀려왔지만, 무인카페 방에서 비슷한 문제를 처리한 다른 점주 이야기를 봤었기에 바로 해결할 수 있었다. 기계를 공부해 둔 덕에 남 탓하지 않고 매출 손실 없이 수리할 수 있었다. '누구 때문에'라고 말할 시간에 미리 필요한 사항을 배워 두는 자세가 중요하다.

   글은 이렇게 썼지만 나도 남 탓 안 하는 건 아니다. 회사에서 일이 안 풀릴 때나 불편한 손님들이 오면 당연히 투덜거리기도 하고 동료 탓, 손님 탓을 한다. 다만 그 횟수가 N잡을 하기 전보다 많이 줄어들었다. 이제는 답답한 일이 생기더라도 새로운 걸 배울 기회라고 생각하면서 어떻게든 쉽고 빠르게 문제를 풀어보고자 노력한다. 일의 개수만 많아진다고 N잡러가 되지 않는다. 꾸준하게 유지할 수 있어야 한다. 짜증

나고 힘들 때도 분명히 있겠지만 남 탓하지 말고 다 나의 선택으로 발생한 문제라 생각하고 빠르게 해결해 보도록 하자.

> **따라만 하면 N잡러가 되는 꿀팁 5**
>
> 남을 탓한다고 이미 발생한 문제가 알아서 해결되지 않는다. 투덜거리지 말고 문제 해결에 집중하자.

제 2 장

직장인 N잡러를 위한 조언

2-1

N잡러는
투자자와 다르다

회사를 사랑하는 직장인이 있을 수 있지만, 돈만 충분히 있다면 회사를 그만두고 싶은 사람이 더 많을 것이다. 많은 직장인이 부동산, 주식, 코인 등으로 재테크를 하면서 자산을 불리고자 노력한다. 부동산이나 코인에서 대박이 나서 회사를 그만둔 직장인의 이야기는 종종 들리기도 한다. 나 역시 그런 사람들처럼 되고 싶지만, 여전히 회사에 다니고 있다. 회사원은 이처럼 월급으로 가치 상승이 기대되는 자산에 투자한다. 즉, 많은 직장인은 투자자이기도 하다.

반면, N잡러는 투자자라기보다는 현금 흐름을 더 좋게 만들고자 노력하는 사람들이다. 다양한 일을 통해 추가 파이프라인을 만들어서 월급 이외의 수익을 만드는 것이 N잡러의 목표이다. 그렇기에 매월 현금을 만들 수 있는 수익화에 신경을 써야 한다.

첫 책은 아이들과 서먹하게 지내는 아빠들에게 많은 도움이 되고자 썼다. 부모들에게 많은 관심을 받아 책도 잘 팔리고 강의도 여러 곳에서 들어올 거라 기대했었다. 책만 출간되면 수익화도 바로 이루어져서 추가 현금 흐름이 생길 줄 알았다.

무인카페도 매장 문만 열면 손님이 줄을 서서 들어오고 2호점, 3호점도 열고 컨설팅도 하면서 월급보다 많은 수익이 생기기를 기대했었다. 현실은 언제나 내 마음대로 되지 않는다는 것을 알기까지 그리 오래 걸리지 않았다.

기대한 만큼 수익화가 되지 않은 이유는 비즈니스 모델을 생각지 않은 채 시작에만 집중하였기 때문이다. 작가가 될 거라면 내 책을 활용하여 어떻게 강의를 시작하고 새로운 사업과의 연결 방법을 고민했어야 한다. 출간을 기회로 비즈니스를 키워가는 사람들을 보면 책을 낸 이후의 계획을 다들 가지고 있었다. 손님들을 모아 사인회를 열고, 출간된 책을 활용하여 여러 곳에 강의를 다니면서 수익을 차근차근 올리고 있었다. 출간만이 목표였던 나는 책이 나오고 나서야 어떻게 활용할지를 고민하기 시작하였다. 초기 기회를 전혀 이용하지 못하였기에 내 첫 책은 새로운 사업과의 연결 방법을 놓쳐 버렸다. 돈을 벌기 위해서만 책을 내는 것은 아니지만, 책을 통해 새로운 길을 찾고자 한다면 수익화도 함께 고려해야만 했다.

무인카페는 다행히 매장을 열자마자 추가 현금이 발생하였다. 직장인이 자영업을 시작하는 것만 해도 큰 도전이었기에 그 당시에는 다음 단계를 생각조차 할 수 없었다. 카페를 열고 3년이 되었다. 과거로 돌아간다면 빠른 투자금 회수나 사업 확장을 위해서 당시보다 더 다양한 계획을 세웠을 것 같다. 수익화에 대해 진지하게 고민했더라면 지금보다 나은 결과가 나왔을 듯싶다.

추가 현금 흐름에 대한 고민이 필요한 이유는 새로운 기회를 만들어 낼 수 있기 때문이다. 이미 시작한 일들로 어떻게 하면 돈을 더 벌 수 있을까를 고민하다 책과 무인카페라는 아이템을 엮어서 전자책을 쓰게 되었다. 무인카페 창업과 관련

된 책은 많지 않다. 무인카페를 운영하는 작가이기에 무인카페에 관한 책을 출간하는 나만의 비즈니스 모델이 생겨났다. 여러 방향으로 고민하다 보니 새로운 방법이 나오고는 한다. 출간만이 목적이었던 때에는 상상조차 못 했던 일이다.

무인카페 역시 마찬가지이다. 사업의 목적이 단순히 매장 개수를 늘리는 것은 아니다. 수익을 어떻게 확대할지도 찾아야 한다. 돈을 더 버는 방법은 매장을 추가로 열거나 기존 카페의 매출 증대나 비용 절감이다. 지금은 점포 확대는 물리적으로 어렵고 현재 매장에서 비용을 줄일 것도 많지 않다. 남은 것은 매출을 늘리는 방법이다. 월세 및 원부자재 인상 등으로 비용은 꾸준히 증가하기에 매출을 높여야만 순수익이 작년보다 늘어날 수 있다. 매출을 늘리고자 다양한 음료 제공, 당근마켓을 활용한 고객 홍보, 단골손님 관리 등을 하면서 내 매장만의 비즈니스 모델을 계속 만들어 가고 있다. 매장을 연 후에도 꾸준하게 관리하지 않으면 매출은 줄어들 수밖에 없다. 손님들에게 지속해서 새로움을 주는 내 매장만의 비즈니스 모델을 구축 중이다.

월 현금 흐름을 늘리기 위하여 다양한 일을 시작하였지만, 미래에 대한 자산 가치 상승을 기대하지 않는 것은 아니다. N잡러의 투자 대상은 자산이 아닌 자기 자신이다. AI가 나오면서 세상은 더욱 빠르게 변화하고 있기에 자기 자신에 대한 투자 없이는 지금 하는 N잡이 미래에도 이어질 거라는 보장은 없다.

이미 Chat GPT를 활용하여 책을 내고 강의를 하는 작가들이 생겨나고 있다. 나 역시 AI를 활용하여 내 글을 어떻게 업그레이드할지 고민하고 방법을 찾아야 한다. 가만히 있으면 공저 한 권, 종이책 한 권, 전자책 세 권을 낸 작가로 내 경력은 끝날 뿐이다. 나만의 콘텐츠를 만들어 가면서 꾸준히 책을 써야만 작가로서 수익화가 가능해진다.

무인카페 역시 마찬가지이다. 무인 매장이 지금은 인기가 있지만, 3년이나 5년 뒤에는 유행이 어떻게 바뀔지 알 수 없다. 직장인이기에 추가 매장을 내기는 어렵다. 그러나 이곳을 기반으로 사업을 어떻게 이어 나갈지 고민하였기에 추가 수익화를 위해 이번 책의 콘텐츠로 무인 매장을 다루고 있다.

회사도 가만히 있는다고 월급 주지 않는다. 주어진 일을 잘해야 회사에서도 인정받으며 오래 다닐 수 있다. N잡러도 마찬가지이다. 한번 책 썼다고 내 글쓰기가 완성된 것도 아니고, 무인 매장 하나 냈다고 프랜차이즈 사장이 되는 것도 아니다. 지금의 아이템을 기반으로 꾸준히 현금 흐름을 만들어 가면서 업그레이드해야 N잡러로서 살아갈 수 있다.

이런저런 일에 계속 도전해 봤기에 이제야 수익화의 필요성을 느끼게 되었다. 새로운 일이 성공할지도 모르는데 어떻게 돈을 더 벌지를 고민했었더라면 시작도 하지 못했을 거다. 그러나 이제 두 번째 책도 준비 중이고 무인카페도 3년 차로 접어들었기에 수익성도 고려한 다음 도전을 준비하고자 한다. N잡을 꿈꾸는 직장인이라면 새로운 일을 할 때 수익화도 함께 고민해 보기를 바란다. 그럼 한 단계 더 나은 결과가 나올 거라 확신한다.

> **따라만 하면 N잡러가 되는 꿀팁 1**
>
> N잡러라면 새로운 현금 흐름을 만들어야 한다. 취미 수집이 새로운 도전은 아니기에 수익화를 어떻게 할지 항상 고민해야 한다.

2-2

본업을
무시하지 말자

남의 떡은 언제나 커 보인다. 회사 안에 있을 때는 밖에서 일하는 분들이 부러웠다. 길 막혀가면서 출퇴근 안 해도 되고, 직장인보다 자유롭게 살면서 돈도 더 잘 버는 것 같았다. 직장인은 세금이 원천 징수되기에 월급은 올라도 통장에 찍히는 금액은 늘 적다고 투덜대고는 했다. 추가 수익을 내고자 책도 내고 무인카페도 하고 있지만, 지금도 매일 출근하고 있다.

여전히 직장인인 이유는 수입의 안정성 때문이다. 회사에 다니면 다음 달, 다다음 달 내 수입을 예상할 수 있다. 이에 기반하여 아이들 학원 개수와 외식 횟수도 정할 수 있고 다음 도전을 준비할 수 있는 종잣돈도 만들 수 있다. 월급이 단순히 매달 나오는 돈만을 뜻하지 않는다. 우리 가족이 모여

살 수 있게 해 주고 미래를 준비해 줄 수 있는 바탕이기도 하다. 그렇기에 N잡러가 되고 싶다면 월급의 중요성도 알아야만 한다. 월급이 중요한 이유는 다음과 같다.

1) 심리적 안정감

누구나 자기 사업은 잘될 거라는 희망을 품고 시작한다. 시작하자마자 망할 거라면 누가 새로운 도전을 하겠는가. 나 역시 책만 내면 베스트셀러가 되고 두 번째, 세 번째 책도 금방 쓸 거라 믿었다. 무인카페를 열기만 하면 인스타그램 핫플레이스는 안 되더라도 손님들이 끊임없이 문을 열고 들어와서 음료를 주문할 줄 알았다. 상상은 상상일 뿐이었다.

출간 후에는 매일 교보문고 사이트에 가서 재고 수량을 보기도 했지만 변하지 않는 수량에 실망하기도 했다. 날씨가 좋으면 매출도 늘어날 거라 기대했지만, 생각만큼 판매가 나오는 날은 많지 않았다.

책이 안 팔리고 무인카페 매출이 적어도 두 번째 책도 쓰고 카페를 계속 운영할 수 있는 이유는 본업 덕분이다. 내 첫 책은 이미 서가 뒤편에 꽂혀서 나온 줄 아무도 모른다. 무인카페 매출이 빠져도 아이들 학원 개수가 줄어들 걱정은 하지 않는다. 그렇기에 큰 부담 없이 글도 쓰고 매주 카페에 청소하러 나갈 수 있다. 카페 사장이나 작가가 본업이었다면 부족한 수익을 메꾸기 위해 아르바이트를 하거나 카페로 더 많은 돈을 벌기 위해 추가 매장을 여는 등 무리한 도전을 했을 수도 있다. 본업에서 나오는 월급이라는 안정성 덕분에 수익에 상관없이 N잡을 꾸준히 하고 있다. 내 계획대로 사업이 잘된다면 좋겠지만, 무슨 일이든 어려움은 찾아온다. 그 힘든 과정을 극복하기까지 버티는 힘이 월급에 있기에 본업의 소중함은 잊지 말자.

2) 새로운 일에 익숙해질 시간

새로운 일에 익숙해지기까지는 누구든 시간이 필요하다. 책 한 권 내면 다음 책도 쉽게 쓸 줄 알았다. 오만한 생각이었다. 새로운 주제를 찾는데도 시간이 걸렸고, 목차를 짜고 원고를 쓰는 것이 하루이틀 만에 될 일이 아니다. 카페도 마찬가지다. 내 매장의 커피 맛을 세팅하고 새로운 음료를 만드는 방법을 익히기까지의 시간은 필요하다.

작년에는 다 쓴 초고를 버리기도 했었고, 이 책의 목차도 세 번이나 바꿨다. 새로운 음료를 만들고자 주말 새벽에 배가 부를 때까지 마시기도 했다. 지금은 처음보다 쉽게 목차도 짤 수 있고 다양한 음료를 만들 수 있게 되었다. 이런 과정 없이 시작하자마자 모든 일을 잘하면 좋겠지만, 누구나 일을 배우는 데에는 시간이 필요하다. 본업이 필요한 이유는 새로 도전한 일에 익숙해질 때까지의 시간을 벌 수 있기 때문이다.

3) 리스크 분산

사업이 잘될지 안 될지는 시작해 봐야 안다. 사업이 어려워지면 혼자만 힘들어지지 않는다. 가장이라면 가족 부양에 대한 부담이 생긴다. 경제적인 문제만 발생하지 않는다. 사업을 계속 유지하는 동안 버텨야 하는 스트레스도 만만치 않다. 언젠가는 잘될 거라는 보장만 있다면 어떻게든 버티겠지만 미래의 일을 알려 주는 사람은 아무도 없다. 월급이 있다면 사업이 생각만큼 잘 안 되었을 경우라도 가족 부양 부담도 줄고 여러 스트레스도 견딜 수 있다.

N잡을 시작하기 전에는 매월 나오는 월급은 당연하다고 생각했다. N잡을 해 보니 내 힘만으로 안정적으로 돈을 버는 것이 얼마나 어려운 일인지 알게 되었다. 그렇다고 회사원이 더 좋다는 말은 아니다. 조직의 부품으로서 원하지도 않는 부서에 가서 일해야 할 때도 있고, 주어진 일에 대해서 어떻게든 결과를 만들어 내야 하는 부담감도 만만치 않다. 직급이 올라갈수록 자신만의 위치도 만들어 가야 하는 등의 어려운 일들을 했을 때 나오는 것이 월급이다. 급여를 받는 것도 결코 쉬운 일은 아니다. 그렇지만 이런 월급이 있기에 N잡에 도전할 수 있는 시간을 벌 수 있고 심리적인 안정감을 가질 수 있다.

N은 2개 이상의 숫자를 나타내는 글자이다. 월급은 N이 명확한 숫자가 되기까지 버티게 해 주기에 본업도 소홀히 하지 말자.

> **따라만 하면 N잡러가 되는 꿀팁 2**
>
> 매월 나오는 월급 덕분에 새로운 파이프라인이 생길 때까지 버틸 수 있다. 언제 터질지 모르는 N잡러 된다고 본업을 소홀히 하지 말자.

2-3

새로운 일들을
꾸준히 하는 방법

 부업을 하고 싶지만 어떻게 시작해야 할지 바로 아는 직장인은 없을 것이다. 유튜브에서 N잡이라고 쳐보면 할 수 있는 일들은 많다. 스마트 스토어, 아마존 구매 대행, 배달 라이더 등 다양한 부업들이 있다. N잡러라면 돈도 잘 벌고 회사에도 영향을 주지 않은 일들을 해야 한다. 특히 직장인은 본업도 유지해야 한다. 다양한 부업을 원하는 회사원이라면 내가 어떻게 여러 일을 찾고 꾸준히 하고 있는지 참고해 보기를 바란다.

 첫 번째, 좋아하는 일부터 시작해 보자. N잡을 시작하자마자 바로 성공할 수 있는 사람은 많지 않다. 꾸준히 하면서 필요한 기술들을 배워야 하기에 힘들더라도 그만두지 않아야만 한다. 좋아하는 일이라면 어렵더라도 멈추지 않고 오래 할 수 있다.

독자들 주변에 독서나 글쓰기를 좋아하는 사람은 많지 않을 것이다. 다행히도 나는 독서를 어렸을 때부터 계속해 왔고, 책을 쓰며 시작한 글도 3년 동안 꾸준히 쓰고 있다. 책도 안 읽고 유튜브만 보면서 지낸 적도 있지만, 시간이 지나면 언제나 다시 시작하고는 했다. 독서나 글쓰기가 좋기 때문이다. 동영상보다 재밌지도 않고 왜 다시 해야 하나 싶을 때가 있지만 좋아하기에 지금도 꾸준히 하고 있다.

무인카페는 커피를 좋아하기에 매장을 계속 운영하고 있다. 배 나온 50대 아저씨이지만 종종 에스프레소를 마실 정도로 커피를 즐겨 마신다. 투박할지라도 나만의 장소를 꾸미는 것과 새로운 사람들을 만나는 것도 좋아해야 할 수 있는 일이다. 처음 시작한 무인카페일지라도 3년째 계속 운영할 수 있는 이유다. 회사 다니면서 저녁에 글을 쓰고 주말에는 무인카페를 운영하기가 쉽지는 않다. 좋아하는 일이기에 힘들더라도 지치지 않고 꾸준하게 하고 있다.

두 번째, N잡의 목표를 정하자. 좋아하는 일이라고 무조건 오래 할 수만은 없다. 나만의 목표를 세우고 성취해 가는 기쁨이 있어야 계속할 수 있다. 하루에 한 편씩 블로그에 글을 올리자는 결심에 쉬지 않고 글을 쓸 수 있었고, 1년에 한 권씩 책을 내자는 목표 때문에 시간이 지났을지라도 이렇게 두 번째 책을 쓰고 있다. 회사나 가정 때문에 일정은 계획대로 안 되더라도 목표가 있고 곧 달성될 거라는 희망에 계속 글을 쓸 수가 있었다.

무인카페는 추가 현금 흐름을 만드는 것이 목표였다. 다행히 수익이 나기에 지금도 매장을 운영하고 있다. 또 다른 목표라면 손님들이 내 매장에서 편안하게 와서 즐겁게 이야기하다 갔으면 좋겠다. 이런 기대로 매장 및 주변 청소에 더 신경을 쓰고 있다. 누가 알아주는 것은 아니지만 내 희망 사항이 하루하루 이루어진다는 기쁨 때문에 무인카페를 꾸준히 할 수 있는 힘이 생겼다. 좋아하는 일을 찾고 자신이 정한 목표를 달성하는 성취감 때문에, 회사에 다니면서 다양한 일을 하는 것이 생각만큼 어렵지는 않았다.

세 번째, 함께할 수 있는 동료를 만들자. 빨리 가려면 혼자가고 오래 가려면 함께 가라는 말이 있다. 좋아하는 일의 목표를 정해서 시작하더라도 언제나 성공할 수는 없다. 실패도 하고 견디기 힘들 때도 있다. 나 역시 시작한 일들이 마음대로 되지 않을 때가 있다. 누가 시키지도 않을 일을 시작해서 이 고생을 사서 하나 싶어 그만두어야 하나 고민한 적도 많았다.

독서 모임과 글쓰기 모임에 4년째 참여 중이다. 줌에서 모여 책에 관해 이야기도 하고 다른 모임에서는 책을 내는 작가들을 계속 만나고 있다. 모이면 무슨 책을 읽을지, 어떻게 글을 쓸지를 이야기하기에 슬럼프를 극복하면서 꾸준하게 책을 읽고 글을 쓸 수가 있었다.

처음 하는 일이면 모르는 게 있는 건 당연하다. 회사 다니면서 남는 시간에 궁금한 사항들을 다 찾아가면서 공부하기에는 시간이 부족하다. 그럴 때마다 함께하는 동료들에게 물어보면 시간도 줄고 내가 몰랐던 부분을 쉽게 익힐 수 있기에 N잡을 그만두지 않을 수 있었다.

네 번째, 잘될 거라는 희망을 품자. 돈도 안 벌리는 책을 왜 쓰냐고 하는 사람도 있고, 진상들 때문에 무인카페 하면 다 망한다는 분도 있었다. 맞는 말이기도 하다. 책 100권 쓴다고 부자가 될지는 아무도 모른다. 무인카페에 내가 원하는 손님만 오지는 않는다. 책은 생각만큼 안 팔리고 매장에는 보기 싫은 손님들도 온다. 그래도 이 책이 안 되면 또 다른 책을 쓰면 되고, 내 매장을 좋아하는 손님들이 있기에 직장인이자 작가 및 무인카페 운영자로서 지낼 수 있다. 해 보니 기대만큼 잘되지 않을지라도 걱정했던 것 이상으로는 일이 잘 풀리고는 한다. 시작하면 다 할 수 있는 일이라는 희망을 품고 꾸준히 N잡을 하고 있다.

처음 새로운 일을 하고자 했을 때 어디서부터 시작해야 할지 알 수 없었다. 내가 좋아하는 일은 게임, 만화책, 유튜브 외에는 없는 줄 알았다. 그래도 어렸을 때부터 좋아했던 독서를 다시 시작하니 어느덧 집에 책이 쌓이기 시작했고, 읽다 보니 내 안에 하고 싶은 말을 글로 표현하고 싶어서 책을 내게 되었다. 오랜 고통을 참아가며 출간도 해 보았기에 다른 일도 도전할 수 있을 것 같았다. 그 덕에 무인카페를 열었고, 나만의 매장을 운영하는 일이 재밌다는 것을 알았다. 베스트셀러 작가도 아니고 프랜차이즈 사장도 아니다. 그저 직장을 다니면서 퇴근 이후의 시간에 다른 일들을 부지런히 하고 있을 뿐이다. 좋아하는 일이고 새로운 목표를 달성하는 재미 덕분에 지치지 않고 꾸준히 하고 있다. 직장인 N잡러를 꿈꾼다면 좋아하는 일을 찾고, 목표부터 정해 보자. 곧 늘어나는 N의 개수를 세게 될 것이다.

> **따라만 하면 N잡러가 되는 꿀팁 3**
> 할 만한 부업들이 넘치는 세상이다. 이것저것 하다 그만두지 말고 좋아하는 일부터 찾아서 시작해 보자.

2-4

부업할 때
고려할 것 3가지

직장인이면서 작가이자 무인카페 운영자로서 살고 있다. 평생 글을 쓰고 무인카페를 운영할 거냐고 물어보면 "네."라고 말하기는 어렵다. 나름 원하는 결과를 얻고 있지만, 회사에 다니면서 책도 쓰고 무인카페를 10년 이상 할 수 있을지는 모르겠다. 글은 언제든 쓸 수 있고 돈이 들지도 않기에 오래 하고 싶지만, 평생을 전업 작가로서 살지는 잘 모르겠다.

좋아하는 일들이긴 하지만 회사를 그만두고 하기에는 여러 가지 불안 요소들이 있다. 무인카페가 아무런 투자 없이 매년 꾸준하게 수익을 낼 수는 없다. 몇 년 지나면 인테리어도 바꿔야 한다. 최근에는 더 다양한 음료 제조가 가능한 기계가 나왔기에 언젠가 새 걸로 바꿔야 한다. 주변에 경쟁 카페가 생길지도 모른다. 동네 수요를 나눠 먹는 것이기에 새로운 매장이 생기면 그만큼 수익은 줄 수밖에 없다. 지금 이 카페를 언제까지 해야 할지, 매장을 늘려야 한다면 어떻게 해야 할 것인지 등 이런저런 고민이 생길 수밖에 없다.

본업 덕분에 좋아하는 글도 쓰면서 책까지 내고 있다. 만약 전업 작가로서 살아가야 한다면 출간과 강의 모두 다 해야만 한다. 20년을 조직 생활만 한 내가 사람들 앞에서 말로 재미를 줄 수 있을지는 잘 모르겠다. 내 이름으로 돈을 벌기가 쉬운 일은 아니기에 책을 취미로만 써야 할지, 퇴직 후에는 글쓰기로 어떻게 먹고살지를 고민 중이다. 글만 잘 쓴다고 누가 나에게 돈을 알아서 주지 않는다. 고객이 원하는 콘텐츠를 제공해야 하고 여러 사람에게 알려야 한다.

회사도 다니면서 힘들게 N잡을 하고 있는데 쉽게 그만둘 수는 없다. 직장인이라면 다음 사항들도 고려하면서 다양한 일을 어떻게 유지할 수 있을지 고민해 보기를 바란다.

첫 번째, 이 일을 언제까지 어떻게 할까 생각해 보자. 처음에는 책 한 권이라도 출간만 해 보자는 게 목표였지만, 이제는 몇 권까지 쓸까를 계산 중이다. 무인카페를 열 때만 하더라도 기계 고장 없이 손님만 잘 맞이하자는 소박한 꿈이 있었지만, 지금은 인테리어를 언제 바꿀까, 새로운 매장을 낼까 말까를 고민 중이다. 시작도 안 한 사람이 걱정할 일은 아니다. 시간이 지나면 이런 고민의 순간은 언젠가 오기에 미리 자신만의 계획을 세워보자.

책 한 권 냈다고 책 쓰기가 완성된 것은 아니다. 만족할 때까지 계속 써야만 하고, 강의하고 싶어도 불러주는 곳이 없을 수도 있다. 좋아하는 일이라도 잘 안되면 지치는 법이다. 취미로서는 좋았지만, 본업이 되면 힘들 수도 있다. 그렇기에 오래 할 수 있는 일인가 곰곰이 생각해야만 한다.

특히 무인카페와 같은 오프라인 창업이라면 투자금도 회수 못 한 채 그만두면 손실액이 만만치 않다. 창업한 지 얼마 안 되었는데 매장을 내놓는 점주들을 본 적도 있다. 장사가 안돼서 그만두기도 하고, 생각했던 것보다 손님들을 대하기 힘들거나 외국으로 갑자기 발령 나서 그만두는 분들도 있었다. 무인카페는 투자금 회수까지 3년 이상 걸리기도 한다. 그렇기에 꾸준히 할 수 있는 일인지 고민해 보고 시작하자.

두 번째, 오프라인 창업이라면 도와줄 사람을 찾자. 무인 매장이 아니더라도 회사에 다니면서 가족과 함께 사업을 하는 사람들도 있다. 일할 사람을 찾기 어려워서 그럴 수 있다. 무인 매장은 사람 손이 많이 가는 일은 아니지만, 갑자기 내가 커피 원두를 채우러 매장에 못 갈 수도 있다. 다행히, 아내와 함께 운영하기에 바쁠 땐 서로 도와가면서 3년째 큰일 없이 운영할 수 있었다. 회사원이라면 내 의지와 상관없이 야근이나 주말에 출근할 수도 있다. 내 매장을 관리할 아르바이트생이 원하는 때에 갑자기 나타날 리 없다. 오프라인 매장을 한다면 나 이외에 함께할 수 있는 사람을 찾아 두고 시작하도록 하자. 그래야 꾸준히 오래 할 수 있다.

세 번째, 탈출전략도 세워 두자. N잡이 잘 돼서 본업을 탈출할 수도 있다. 다른 곳에 투자하려고 지금 하는 일들을 다른 사람에게 넘기던가, 추가 손실을 막기 위해서 그만둬야 할 수도 있다. 글도 단순하게 안 쓴다고 될 일은 아니다. 그동안 쌓아온 온라인상의 인지도가 없어질 뿐 아니라 나를 기다리던 독자들에게 실망감을 줄 수도 있다. 다시 시작한다면 이전보다 더 많은 시간을 홍보에 신경을 써야만 한다.

오프라인 매장과 같은 사업에 투자하였다면 기존의 투자금을 회수 못 하는 매몰 비용도 있다. 철거 및 폐업에도 돈이 든다. 처음 시작할 때는 이런 비용이 있을 거라고는 생각도 못 했다. 새로운 사업을 시작한다면 투자금 외에 월세도 못 낼 경우가 온다던가 추가 손실을 막기 위한 고민이 필요함을 깨달았다. 모든 일이 내 마음대로 되지 않을 수 있기에 탈출 전략도 함께 준비해야 무슨 일이 생기더라도 당황하지 않을 수 있다.

시작도 안 한 사람이 이런 걱정을 할 필요는 없지만, 힘들게 준비한 N잡을 쉽게 포기할 수는 없다. 좋아하지도 않은 일에 무작정 시간과 돈을 투자한다고 다 잘될 수는 없다. 때로는 그만둬야 할 수도 있다. 시작한 일을 오랫동안 할 방법뿐만 아니라 손실을 최소화하면서 그만둘 계획도 함께 고민해 보자.

> **따라만 하면 N잡러가 되는 꿀팁 4**
>
> 회사에서도 새로운 일을 시작하기 전에 계획을 세운다. 성공확률을 높이기 위해 나의 도전도 언제까지 할 수 있을지, 도와줄 사람은 없는지, 언제 그만두어야 할지 등의 계획을 짜 보도록 하자.

2-5

독서는
기본 중의 기본

N잡러가 되고 싶다면 꼭 책을 읽도록 하자. 동영상의 시대에 무슨 말이냐고 할지도 모르겠다. 유튜브나 인스타그램에 N잡이라는 단어만 쳐도 수많은 영상이 나오는데 왜 책을 읽어야 하는지 궁금할 수도 있다. 종이책 출간 방법이나 전자책 쓰는 법을 알려 주는 동영상이 유튜브에도 있고, 무인카페 성공 입지 방법도 여러 유튜버가 설명해 주고 있다. 그런데도 왜 책을 읽어야 할까?

지식이나 정보를 찾고자 한다면 동영상보다 빠른 매체는 없을 거다. 나 역시 궁금한 점들은 유튜브를 통해서 해결하고 있다. 그러나 내가 무슨 일을 해야 할지, 독자들에게 어떤 책을 써야 할지, 무인카페 고객들에게 어떤 가치를 전달해야 하는지는 어느 동영상도 알려 주지 않는다. 내가 해야 할 일은 스스로 정해야만 한다. 수많은 정보가 흘러넘쳐도 나한테 맞는 건지 아닌지는 나만이 알 수 있다. 어떤 정보가 중요한지, 앞으로 무엇을 해야 할지를 결정하는 데에는 독서가 큰 도움을 준다. N잡러에게 독서의 필요성을 말하자면 다음과 같다.

1) 미래 방향성을 찾게 해 준다

나는 직장인이자 작가이자 무인카페 운영자이다. 이 일들을 계속 유지해야 할지, 새로운 직업을 원한다면 무엇을 해야 할지, 이 일들을 묶어서 새로운 나만의 콘텐츠를 어떻게 만들어야 할지 항상 고민해야만 한다. 누군가 나한테 이대로 따라 하라고만 말해 줬으면 좋겠다고 생각한 적도 있다. 내 미래에 대한 답은 아무도 가르쳐 주지 않는다. 유튜브에 N잡이라고 쳐도 유튜버들이 이미 있는 일들에 대해서만 말하지, 내 미래에 대한 답을 알려 주는 영상은 없다.

책이라고 이런 정보가 구체적으로 적혀 있지는 않지만, 꾸준히 읽는다면 내가 가야 할 방향을 알려 주는 사례들은 찾을 수 있다.

코로나 이후 세상이 어떻게 변할지 아무도 모르던 때에 『김미경의 리부트』를 읽으면서 나만의 미래를 찾고자 했다. 이 책에서 나온 대로 나만의 시놉시스를 짜면서 내가 할 일이 뭔지를 조금씩 알게 되었다. N잡을 하면서도 이 길이 맞는지 안 맞는지 고민이 될 때 『인디 워커, 이제 나를 위해 일합니다』라는 책도 도움이 되었다. 몸과 마음이 지칠 때 무엇을 잘하고 어떻게 기다려야 하는지를 책을 보면서 생각하게 되었다.

5년, 10년 뒤에 무엇을 해야 할지는 독서를 통한 나와의 대화를 통해서 깨달을 수 있다. 수없이 넘쳐나는 동영상의 정보 속에서 나에게 맞는 답을 찾고자 한다면 책을 읽어야만 한다는 점을 잊지 말자.

2) 한 주제와 관련된 깊이 있는 지식을 얻을 수 있다

많은 정보를 빠르게 얻기 위해 이제는 1분 내외의 짧은 영상들까지 나오게 되었다. 필요한 다양한 정보를 쉴새 없이 얻을 수 있는 장점은 있다. 책에 필요한 지식이나 출간 방법 등을 원하면 이와 관련된 모든 영상을 하나씩 찾아봐야만 한다.

반면 책은 한 주제에 대하여 작가가 고민한 깊이 있는 지식을 한 번에 얻을 수 있다. 나 같은 경우는 어떤 주제로 책을 써야 할지 늘 고민 중이다. 에세이를 써서 독자들에게 잔잔한 감동을 줄지, 실용서로 고객들에게 필요한 정보를 줘야 할지는 내가 정해야 한다.

『콘텐츠 가드닝』이란 책을 통해 콘텐츠를 어떻게 발견하고 가꿔야 하는지를 배웠고, 『잘 팔리는 책쓰기』를 읽으며 작가로서 수익화는 어떻게 해야 하는지 알게 되었다. 책을 쓰면서 막연히 생각만 했던 내용을 다른 작가들이 쓴 내용을 보면서 실천할 방법을 하나씩 찾아갈 수 있었다. 나와 같은 고민을 하면서 자신만의 길을 찾아간 다른 사람의 이야기는 나에게 맞는 방법을 찾게 해 주는데 가장 효율적이다.

3) 성공한 사람들의 벤치마킹

퇴근 후에 집에서 책을 쓰거나 주말에 매장을 청소하다 보면 내가 왜 이러고 있는가 싶을 때가 있다. 퇴근 후 밀린 드라마를 보면서 하루를 잘 쉬었다고 말하는 친구들도 있고,

지난 주말에 친 골프 이야기를 하면서 한 주를 시작하는 동료들도 있다. 주말에 매장 청소 후 피곤해서 집에서 잠만 잤던 나는 시간을 제대로 못 보낸 것 같은 아쉬움이 든다. 내가 스스로 선택한 길임에도 불구하고 포기하고 싶어지기도 한다. 그럴 때 내 마음을 잡아 주고 다시 앞으로 나아가게 해 준 동기는 책들이었다. 김승호 회장의 『사장학개론』에서 나의 고민은 사장이라면 누구나 할 수 있는 내용임을 알게 되면서 마음이 편해지고는 했다. 무엇을 해야 할지 머뭇거릴 때 롭 무어의 『결단』을 읽으며 불안함을 극복하고 결정하는 힘을 배우고는 했다.

나만의 불안감을 해결할 방법이나 미래에 대한 궁금증은 누구도 알려 줄 수 없다. 같은 고민을 하면서 앞으로 나간 사람들의 이야기를 통해 나에게 맞는 해법을 스스로 찾을 수 있기에 N잡러라면 꼭 책을 읽어야만 한다. 현실에 적용할 수 있는 다양한 방법이 책에 있음을 알게 된다면 왜 책을 읽어야만 하는지 이해하게 될 것이다.

N잡러는 단순히 일하는 기술만 익히는 자가 아니다. "Job" 즉 직업을 배우는 사람이다. 하루이틀 해서 익숙해지고 돈을

벌 수 있다면 이는 직업이 아니다. 자신의 업에 익숙해지고 이를 통해 경제적 이익도 얻어야 하기에 끊임없이 고민하고 배워야 한다. 세상이 빠르게 변하기에 지금 하는 일이 어떻게 달라질지 모른다. 어떤 일을 할지는 스스로 결정해야 하기에 내가 가야 할 방향을 알려 주는 독서는 잊지 말고 하도록 하자.

> **따라만 하면 N잡러가 되는 꿀팁 5**
>
> 동영상을 통해 빠른 지식을 얻을 수는 있지만 내 미래에 대한 답을 누가 알려 주지는 않는다. 책을 통해 내가 가야 할 방향을 찾아보자.

2-6

N잡러의
마인드

 보고 싶은 콘텐츠가 넘치는 이런 시대에 퇴근 후 다른 일에 집중하기는 쉽지 않다. 넷플릭스도 봐야 하고, 디즈니플러스에서 곧 나온다는 드라마도 보고 싶다. 때로는 퇴근 후에 넘치는 열정으로 그동안 못 해 본 운동도 하고 싶다.

 마음만은 아직 청춘이고 무슨 일이든 여전히 다 할 수 있을 것 같다. 앉았다 일어날 때 무릎이 아프고 작은 글씨를 보기 위해 안경을 머리 위로 올려야 할 때면 뜨겁던 열정도 차갑게 식어 버린다. 새로운 일보다는 익숙한 일을 다시 하는 것이 편하다. 하루하루 큰일 없이 안정적으로 흘러가기를 바랄 때도 많다.

 회사에서도 마찬가지다. 늘 하던 일만 한다고 회사가 월급 주지는 않는다. 50살이 되면 일이 없다고 가만히 있을 수 있는 나이가 아니다. 누가 시키지 않더라도 해야 할 일들을 알아서 찾아야만 한다. 입 벌린 채 먹이를 기다리는 둥지 안의 새 끼 새들처럼 상사가 알아서 일을 시켜 주기만을 기다릴 나이가 아니다. 온종일 기존 일에 새로운 아이디어를 덧붙이고 있다. 이렇게 일하다 오면 퇴근 후 소파 위의 쿠션이 되어 가만히 있고 싶을 때가 하루이틀이 아니지만, 저녁에 글을 쓰고 무인카페 포스터도 만들고 주말에는 카페 청소도 하고 있다.

직장인이 퇴근 후와 주말에 다른 일을 한다는 게 쉽지 않지만, 배 나오고 머리도 희끗희끗한 50대인 나도 하고 있다. 이게 가능한 이유는 나만의 몇 가지 규칙이 있기 때문이다. N잡러를 꿈꾸는 직장인에게 내 경험이 도움이 되었으면 한다.

1) 인생의 목표를 정하자

나도 퇴근 후 친구들이나 동료들과 함께 술 한잔하는 것이 얼마나 재밌는지 잘 안다. 주말에 남들처럼 골프 치거나 인기 있는 드라마 보고 싶기도 하다. 인생의 목표가 있기에 이런 재미들을 지금은 꾹 참고 있을 뿐이다.

내 첫 번째 목표는 안정적인 현금 파이프라인들을 만드는 것이다. 이제 막 새로 생긴 얇은 파이프라인을 어떻게 두껍게 할지, 더 많은 파이프라인을 만들지를 고민하고 있다. 나는 훅하면 꺼지는 촛불 같은 얕은 심지를 가진 평범한 아저씨다. 인생 목표가 없었으면 저녁마다 넷플릭스 보고 주말이면 스크린 골프를 치거나 만화카페에서 라면 먹으며 만화책을 보고 있을 수도 있다. 현금 파이프라인을 만든다는 목표가 있었기에 매일매일 하고 싶은 거 참으면서 글을 쓰고 매장을 청소하고 있을 뿐이다.

회사원은 저녁이면 집에서 핸드폰 보면서 에너지 충전해야 하고, 주말이면 밀린 잠을 자느라 시간이 없다. 직장인 N잡러가 되고 싶다면 인생 목표를 먼저 세우고 다른 일들은 잠시 미뤄 두자. 동영상 덜 보고, 저녁에 조금 늦게 자고, 주말에 골프 안 쳐도 별일 안 생긴다. 주변 사람들과 이야기할 시간이 줄어들긴 하겠지만, 내 통장에 들어올 돈을 생각하면서 위안 삼도록 하자.

2) 도전하는 자세

 50살이 되니 회사에서도 새로운 일을 한다는 것이 두렵다. 해 보지만 않았을 뿐이지, 어떻게 할지는 알 것 같은데도 기존에 하던 일 아니면 하기 싫어진다. 새롭게 뭘 배우는 것도 귀찮다. 일을 익히는 속도도 예전 같지 않다. 회사 일도 이런데 전혀 다른 분야의 일들을 처음부터 시작하는 것은 어떻겠는가.

 블로그에 글 몇 편 올렸을 뿐인데 책도 냈고, 무인카페 하는 지인들 말 듣고 상가 임장 몇 번 하고서 내 카페도 열었다. 회사원이 이런 일 한다고 누구도 칭찬해 주지 않는다. 차를 바꾸거나 좋은 식당에서 저녁을 먹는 일이 생기지도 않았다. 그러나 무언가라도 시작하였기에 책도 꾸준히 나오고 있고, 카페 매출도 안정적으로 돌아가고 있다. 이제는 또 다른 도전을 해야 할 때가 온 것 같다. 도전도 중독이다. 새로운 일을 하나씩 만들어 가는 재미가 있다.

 도전이 성공하면 또 하고 싶어진다. 책 한 권에 건물주 되고, 무인카페 하나에 프랜차이즈 사장이 될 거라는 생각은 안 한다. 이제 그 정도는 아는 나이다. 무엇을 할지가 중요하지, 뭔가를 못 할 거라는 생각은 들지 않는다. 도전 없이는 N을 늘릴 수 없다. N잡러가 되고 싶다면 새로운 일을 시작해 보자. 안 될 것 없다.

3) 내가 누구인지 알아가자

회사 다닐 때 많이 경험해 보라고 한다. 맞는 말이다. 회사만 다니다 퇴직했으면 내 이마에 "호구"라는 말을 새기고 나올 뻔했다. 조직 생활에 익숙해져서 바깥세상이 어떤지 모르고 살았다. 너무나 당연한 세금, 건강 보험뿐만 아니라 일하다 생기는 문제들을 어떻게 처리할지 고민해 본 적도 없었다. N잡을 하면서 자신의 무식함에 놀랄 뿐이었다. 이 과정을 거치면서 내가 호구인지 아닌지를 조금씩 알아가고 있다.

도전해 봐야 내가 무슨 일을 잘하는지 알 수 있다. 못하는 일을 하면서 돈 벌기는 쉽지 않다. 여러 일을 하면서 내가 뭘 잘하는지 어떤 일에 익숙하지 않은지를 알아가고 있다. 퇴직 후에 시작했다면 아무것도 모른 채 이런저런 일 하다 퇴직금만 다 날리지 않았을까 싶다. 지금이라도 다양한 일들에 도전해 보기를 잘했다고 생각한다.

몸도 마음도 예전 같지 않다. 항상 젊게 살고 있다고 말하지만 새로운 일을 시작하기가 무섭다. 몸이 아플 경우 마음은 더욱 쪼그라들어 내일도 오늘과 같이 큰 일없이 지나가기만을 바라기도 한다. 퇴근 후 집에 오면 드라마 보면서 자고 싶고, 주말이면 10시까지 늦잠 자다 일어나서 오후에 동네 산책하면서 한 주를 마무리했으면 좋겠다.

하지만 이런 날이 계속 이어지지 않으리라는 것을 알고 있다. 부지런히 내가 하고 싶은 일을 찾고, 잘하는 일이 뭔지를 찾아서 연습하면 10년 뒤에 내가 원하는 일들을 하면서 지낼 거라는 희망이 있다.

내 삶의 목표도 달성하고 통장에 돈이 늘어나기를 바라기에 N잡러의 삶을 살고 있다. 처음 시작이 귀찮을 뿐이지 하면 다 되는 일들이다.

> **따라만 하면 N잡러가 되는 꿀팁 6**
>
> 새로운 도전이 실패할까 봐 무서워 머뭇거릴 때도 많다. 인생의 목표를 정하고 도전한다면 실패하더라도 자신만의 N잡을 찾을 수 있다.

2-7

N이 가리키는 곳에
내 삶이 있다

  2005년에 입사했다. 당시에도 취업은 항상 어려웠다. 수많은 원서를 쓰고 여러 회사 면접도 봤지만 지금 다니고 있는 회사 딱 하나만 붙었다. 운 좋게 붙었었기에 회사에 뼈를 묻겠다는 각오로 출근했었다. 다른 일은 생각 안 하고 회사만 열심히 다니면 남은 인생 걱정 없이 다 잘 될 줄 알았다. 회사를 통해 경제적인 부담은 덜었을지라도 나라는 존재에 대한 문제는 해결되지 않았다.

  입사만 하면 열심히 일할 각오는 있었지만, 키보드를 끊임없이 두드려도 업무가 끝나지 않을 줄은 몰랐다. 죽을 정도로 해야 할 때도 있었고, 내 의지나 생각과는 상관없이 회사가 필요로 하는 업무를 기한 내에 완수해야만 하기도 했었다. 회사에서 월급을 받으려면 당연히 해야 할 일들이었다.

상사나 회사 동료와의 관계 유지가 쉽지 않을 때도 많았다.

그렇게 일하다 보니 연차는 쌓여갔지만, 나라는 존재감은 점점 떨어져만 갔다. 직장을 그만두고 싶을 때도 있었지만, 회사 일만 한 배 나온 아저씨가 다시 취업하기는 쉽지 않다. 아이들 학원비와 고깃값은 점점 늘어나는데 내가 우울해졌다고 회사를 그만둘 수는 없었다. 그렇게 초심은 사라진 지 오래되었고, 회사를 나갈 방법도 못 찾고 방황했을 때 N잡을 위한 도전들이 나를 나로서 있게 해 주었다.

왜 회사에 있어야 하는지 모를 때 책을 읽고 글을 쓴 덕분에 내가 누구인지 다시 생각하게 되었다. 멋모르고 도전한 책 쓰기를 위해 몇 개월을 한 가지 일에 몰두하면서 지냈다. 그 덕에 미약하게만 느껴졌던 내 존재를 다시 찾게 되었다. "나 = 회사의 부속품"이라는 공식에서 벗어나 회사원 이외에 다른 일도 가능하다는 생각이 들었고, 지금이라도 도전은 언제나 할 수 있다는 것을 깨달았다. 나이가 들어가면 회사에서는 뒷방 늙은이처럼 조용히 지내야 하는 줄 알았지만, 내 선택에 따라 새로운 도전은 언제나 열려 있다는 것을 몸으로 배우고 있다.

내 이름으로 된 책을 낸 후 글쓰기에 흥미가 떨어질 즈음 작은 도전으로 시작한 전자책을 통해 아이들 치킨값이 들어오기 시작했다. '이게 또 되네.'라는 생각에 전자책 권수도 한두 권 늘어나기 시작했다. 뭘 쓸지 몰라 멍하니 모니터만 보던 시기가 넘어가니 다양한 주제들이 줄줄이 비엔나소시지처럼 나오기 시작하였다. 퇴근 후에 멍하니 유튜브만 보고는 했는데, 이제는 노트북 앞에 앉을 일이 계속 생겨났다.

근면, 성실, 정직, 호구라는 말을 머리에 달고 사는 나에게 회사의 끝이 보이기 시작하니 불안감이 밀려오기 시작했다. 회사에서 월급만 받을 줄 알던 나에게 무인카페는 또 다른 가능성을 알려 주었다. 카페 하면 다 망한다고 하던데 멋모르고 시작한 무인카페에서 안정적인 수입이 들어오기 시작했다. 주말 새벽마다 청소하러 가야 하고 야간에 CCTV로 손님들을 쫓아내면서 잠을 설칠 때도 있었지만, 내 카페를 좋아하는 손님들도 생겨났다. '이게 또 되네.'라는 생각이 들자 주말 새벽마다 일어나는 것이 힘들지 않게 되었다.

N잡러가 되었다고 회사를 대충 다니지는 않는다. "그걸 굳

이 왜 해?"라고 말하던 일들을 해 보니 다 해 볼 만한 일들이었다. 회사 일도 마찬가지였다. 나이가 들어가는 건 막을 수 없지만, 일에 대한 태도는 내가 정한 대로 할 수 있다. 회사에서 내가 올라갈 위치는 이미 정해졌기에 시킨 일만 하면서 회사만 오래 다니면 그만이라는 생각도 자주 했다. 많은 사람이 시작하면 망할 거라던 카페도 꾸준하게 하고 있는데, 본업인 회사 일을 대충 해도 되나 라는 생각이 들기 시작했다. 버틴다고 나를 오래 있게 해 줄 회사도 아니다. 주변 동료들 다 열심히 하는데, 나만 이런저런 핑계를 대며 남에게 일을 넘길 수도 없다. 작가이자 카페 운영자이다. 내 이야기를 남보고 쓰라 그럴 수도 없고, 내 매장 관리를 다른 사람보고 하라고 할 수 없다. 내 일은 남이 하는 일이 아니다. 나 스스로 해야 하는 일들이다.

일을 더 늘려볼까 생각도 해 봤지만, 본업에 영향을 줄 수 있기에 지금은 N의 개수에 집중하지는 않는다. 새로운 파이프라인을 만드는 것보다는 파이프라인의 굵기를 키우는 것도 중요하다. 은메달 10개 모은다고 금메달 하나 되는 것이 아니기에 소중한 본업에 집중하면서 지금 하는 일들을 업그레이드하는 것이 낫다. 당장은 회사도 열심히, 글도 열심히, 매장도 열심히 할 생각이다.

나에게 N잡러의 N은 단순히 직업의 숫자를 나타내는 개수가 아니다. 내 삶의 방향을 가르쳐 주는 N이다. 한 방향을 가르쳐주는 나침반 덕분에 배가 길을 잃지 않고 나아가듯이, 회사에 다니면서 방황을 했던 나에게 N잡러의 N은 내 인생의 방향을 가르쳐주는 나침반이기도 하였다.

나의 N은 나침반처럼 한 곳만을 향하지 않는다. 책을 읽고 다양한 일들을 하다 보면 N의 방향이 바뀌기도 한다. 그렇게 내가 가야 할 방향을 계속 알려 주기에 오늘도 한 발자국 앞으로 나아갈 수 있다.

언젠가는 이 N이 한 방향으로 멈추는 날이 오겠지만 오늘은 아니다. N이 정해지는 그날까지 낮에는 회사원으로서, 밤에는 작가로서, 주말에는 무인카페 운영자로서 살고자 한다. N잡러를 꿈꾸는 직장인들도 자신의 방향을 정하고 하루하루 충실하게 살기를 바란다.

> **따라만 하면 N잡러가 되는 꿀팁 7**
>
> N잡러의 N은 내 삶의 방향을 가르쳐 주는 지향점이 될 수도 있다는 것을 잊지 말자.

에필로그

    지금까지 내가 N잡를 시작한 이유와 꿀팁들, 직장인 N잡러로서 필요한 마인드에 관해 썼다. 열심히 글을 쓰면 유명 작가가 되어 강의도 하고 인세도 많이 들어올 줄 알았다. 전자책을 쓰면 매달 오피스텔 월세처럼 돈이 꼬박꼬박 들어오고, 무인카페를 하면 2호점, 3호점 열어서 프랜차이즈 사장도 될 줄 알았다. 그러나 지금 나는 화창한 휴일 오후에 집에서 글을 쓰고 있다. 세상이 원하는 대로 되지 않는다는 것을 이제야 다시 알게 되었다. 그렇다고 나의 도전들이 의미 없지는 않다. 직장인이면서 작가이자 무인카페 운영자로서 살아 보니 나한테 필요한 인생 교훈을 얻었다.

첫 번째: 가만히 있으면 아무 일도 일어나지 않는다

출퇴근이 자유로운 건물주나 용돈 받으러 회사 다닌다는 전설 속의 직장인이 부러웠다. 나 역시 그렇게 살고 싶었지만, 회사 업무 외에 다른 일을 시작하는 건 언제나 무서웠다. 가만히 있으면 아무 일도 일어나지 않는다. N잡러라고 말하지만 많은 사람 앞에서 강연하는 유명 작가나 무인카페 몇 개를 운영하는 프랜차이즈 사장도 아니다. 그렇지만 난 책을 내고 카페 창업에 도전하였기에, 직장인이자 작가이자 카페 운영자로서 살고 있다. 쉬운 일들은 아니었다. 작가라면 싫든 좋든 계속 글을 써야 하고, 자영업자로 돈을 벌려면 손님들에게 더 나은 서비스를 줄 방법을 찾아야 한다. 내일 보고서를 어떻게 써야 할지 고민하는 직장인이라도 해 보니 가능한 일들이었다. 움직일수록 원하는 일들이 더 많이 생긴다는 것을 이제야 알게 되었다. 나이가 들어 새로운 일을 시작하기가 무서울지라도 작게라도 도전하고자 하는 이유다.

두 번째: 내가 어떤 사람인지 알게 되었다

새로운 일들은 언제나 희망으로 차 있지만, 내가 잘할 수 있는 일과 잘하지 못하는 일은 있다. 직접 해 봐야만 안다. 책은 자주 읽었지만 글쓰기를 좋아할 줄은 몰랐다. 보고서 한 장 만들기도 힘들었기에 책 한 권 분량의 글을 쓸 줄은 생각도 못 했다. 창업해 보고 나니 내가 부지런하다는 것도 알았다. 무엇을 잘하는지 알았다는 점은 앞으로 도전할 일에 좋은 참고가 되고 있다.

또한 내가 세상일을 잘 모르는 호구였는지도 알게 되었다. 왜 돌다리도 두들기고 가야 하는지 이제야 이해되었다. 지금이라도 이런저런 일 하면서 내가 어떤 사람인지 배웠기에 다행이다. 퇴직 후 망할 일은 없을 듯하다.

세 번째: 포기하지 않으면 아웃풋은 나온다

좋아하는 일을 한다고 돈을 다 잘 버는 것은 아니다. N잡러는 취미 생활이 아니기에 수익을 내야 한다. 당연히 남들보다 잘해야 한다. 불행히 난 한 번에 모든 일을 쉽게 익히는 사람은 아니다. 일필휘지로 한 꼭지의 글을 만들어 내지도 못하고, 남들은 쉽게 고치는 기계를 혼자서 밤새 식은땀 흘리며 수리한 적도 있다.

뭔가를 배우는 데는 시간이 걸리는 사람이지만 글을 계속 썼기에 두 번째 책이 나왔다. 빈 매장을 보면서 망할까 걱정도 했지만, 새로운 음료 하나씩 만들어 갔기에 무인카페를 3년째 운영 중이다. 돈도 안 되는 책 그만 쓰라거나 무인카페 하면 다 망한다던 사람들도 주변에 있었다. 그런데도 꾸준히 하다 보니 조금씩 아웃풋이 나오기 시작하였다.

유튜브에 나오는 유명 작가는 아니지만, 전자책도 종이책도 계속 내고 있다. 인스타그램에 나오지는 않아도 주민들이 편하게 이용하는 카페를 운영하고 있다. 힘들어도 포기하지 않았기에 나온 결과물들이다.

새로운 일에 언제 또 도전할지는 아직은 모르겠다. 지금 하는 것들에 더 집중해야 할 수도 있다. 출근만 한다고 회사가 돈을 주지도 않고, 아무 글자나 쓴다고 글이 되지 않는다. 카페도 신경 안 쓰면 손님도 없는 무인카페가 되어 버린다.

시작은 늘 두렵지만 해 보면 못 할 일들은 아니었기에 N을 어떻게 늘릴까 고민하고 있다. 눈도 침침해지는 배 나온 50대 아저씨도 하고 있다. 당연히 독자분들도 할 수 있다. 모두 원하는 결과를 얻을 거라고 말할 수는 없지만, 해 봐야 알 수 있는 것도 있다.

나도 독자분들도 새로운 N을 추가할 때까지 모두 파이팅이다!

부록

N잡러가 되기 위해 참고한 책들

N잡러 마인드를
키우기 좋은 책

『결단』, 롭 무어, 이진완 옮김, 다산북스, 2021

『김미경의 리부트』, 김미경, 웅진지식하우스, 2020

『나는 당신이 N잡러가 되었으면 좋겠습니다』, 한기백·송종국, 원앤원북스, 2021

『나는 오늘도 경제적 자유를 꿈꾼다』, 청울림, RHK, 2021

『나는 직장인 N잡러 돈 걱정 없이 산다!』, 안기철, 앤써북, 2021

『노마드 비즈니스맨』, 이승준, 나비의활주로, 2022

『메신저가 온다』, 박현근, 바이북스, 2021

『사장학개론』, 김승호, 스노우폭스북스, 2023

『생각의 비밀』, 김승호, 황금사자, 2019

『어텐션』, 이은대, 바이북스, 2024

『오늘부터 1인 기업』, 최서연, 스타북스, 2021

『이번 생은 N잡러』, 한승현, 매일경제신문사, 2021

『인디 워커, 이제 나를 위해 일합니다』, 박승오·홍승완, 열린책들, 2021

『실무에 바로 쓰는 일잘러의 보고서 작성법』, 김마라, 제이펍, 2023

『완벽한 퇴사』, 우희경·전민경, Prism, 2022

『콘텐츠 가드닝』, 서민규, 퍼블리온, 2021

『한 달에 100만 원씩 더 버는 N잡러의 비밀』, 우희경 외 9명, 미다스북스, 2023

『N잡러 개론』, 우희경, 대경북스, 2023

『N잡하는 허대리의 월급 독립 스쿨』, N잡하는 허대리, 토네이도, 2020

『10권을 읽고 1000권의 효과를 얻는 책 읽기 기술』, 이정훈, BMK, 2017

작가가 되기 위해 좋은 책

『가녀장의 시대』, 이슬아, 문학동네, 2022

『강원국의 글쓰기』, 강원국, 메디치, 2018

『나는 말하듯이 쓴다』, 강원국, 위즈덤하우스, 2020

『마음의 주인』, 이기주, 말글터, 2021

『무명작가지만 글쓰기로 먹고삽니다』, 이지니, 세나북스, 2021

『언어의 온도』, 이기주, 말글터, 2017

『일간 이슬아 수필집』, 이슬아, 헤엄, 2021

『에세이 만드는 법』, 이연실, 유유, 2021

『잘 팔리는 책쓰기』, 서민재, 리미트리스, 2024

『템플릿 글쓰기』, 야마구치 다구로, 토트, 2021